近零碳综合货运枢纽
发展及评价指标体系

丁 然 王 哲 杨 勇 战宇轩 范昕怡 著

中国建筑工业出版社

图书在版编目（CIP）数据

近零碳综合货运枢纽发展及评价指标体系／丁然等
著. —北京：中国建筑工业出版社，2024.5
ISBN 978-7-112-29788-7

Ⅰ.①近…　Ⅱ.①丁…　Ⅲ.①货物运输—枢纽站—节
能—评价指标—体系—研究—中国　Ⅳ.① U492.3

中国国家版本馆 CIP 数据核字（2024）第 082663 号

责任编辑：毕凤鸣
责任校对：赵　力

近零碳综合货运枢纽发展及评价指标体系

丁　然　王　哲　杨　勇　战宇轩　范昕怡　著

*

中国建筑工业出版社出版、发行（北京海淀三里河路 9 号）
各地新华书店、建筑书店经销
北京建筑工业印刷有限公司制版
建工社（河北）印刷有限公司印刷

*

开本：787 毫米×1092 毫米　1/16　印张：5½　字数：91 千字
2024 年 4 月第一版　　2024 年 4 月第一次印刷
定价：36.00 元
ISBN 978-7-112-29788-7
（42839）

前　言

随着"碳达峰、碳中和"愿景的纵深推进，我国正在掀起以低能耗、低污染、低排放为特征的绿色基础设施建设浪潮，近零碳综合货运枢纽应运而生。通过低碳理念、技术和管理手段，围绕规划、建设、运营和管理全过程，实现综合货运枢纽的高能效、低能耗、低污染、低排放运营，不仅是促进现代物流行业用能结构优化调整的关键，对加速行业绿色低碳转型也具有重要的现实意义和长远影响。

本书从近零碳综合货运枢纽的基本认识入手，探索提出了近零碳综合货运枢纽的概念、意义和特征；总结典型案例，找准发展趋势，从规划、建设、运营、管理四个维度出发，提出具有指导性、约束性的评价指标体系及计算模型，并给出了推广建议。

本书具有一定的研究创新性，能够弥补低碳交通领域的研究空白，可为政府决策、标准制定、企业规划、运营管理等提供借鉴和参考。由于编者水平和时间有限，书中难免有错误与不妥之处，恳请读者批评指正。

目　录

第一章　近零碳综合货运枢纽的基本认识

第一节　近零碳综合货运枢纽的概念

一、综合货运枢纽的概念

（一）既有概念及理解

综合货运枢纽是综合立体交通网的关键节点和重要支撑，是多种运输方式一体化衔接的重要环节，也是交通运输与相关产业融合发展的主要载体，在具体概念定义上，目前既有的标准提出了两次综合货运枢纽的定义。

一是在《综合货运枢纽分类与基本要求》JT/T 1111—2017 中，首次提出了定义，即"服务两种及两种以上运输方式，具有货物集散、仓储、中转运输等功能，集中布设并实现不同运输方式之间的货物有效换装与衔接，并具备完善信息系统的货运作业与服务场所"。

二是在《货物多式联运术语》GB/T 42184—2022 中，在《综合货运枢纽分类与基本要求》JT/T 1111—2017 的基础上进一步修改完善了定义，即"具有多式联运换装、货物集散、仓储、中转运输等功能，集中布设并实现不同运输方式之间的货物有效换装与衔接，并具备完善信息系统的货运作业及配套服务功能的物流园区，也称多式联运型物流园区"。

总体来看，《综合货运枢纽分类与基本要求》JT/T 1111—2017 的定义在综合货运枢纽与港口、机场、铁路货运场站的边界范围方面没有提出明确的界定，而《货物多式联运术语》GB/T 42184—2022 的定义将综合货运枢纽明确定位为多式联运物流园区。鉴此，综合货运枢纽应是港口、机场、铁路货运场站的外延，紧密关联，存在交集，但并不同一。综合货运枢纽是依托港口、机场、铁路货运场站，在多种运输方式高效衔接换装的基础上强化一体化组织的物流基础设施，是综合立体交通网发展完善的产物（图 1-1）。

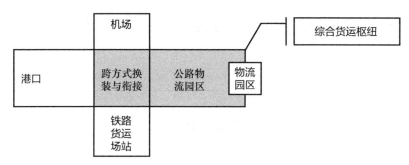

图 1-1 综合货运枢纽与港站枢纽的关系示意图

（二）类型及空间范围

结合交通运输部公布的《国家综合货运枢纽补链强链技术指引（暂行）》所提出的功能导向，综合货运枢纽建设是围绕有效满足多式联运节点集散分拨需要，对现有仓储、堆场实施扩能改造，适当新建仓储、堆场，增加设施容量，重点加强各运输方式的有效衔接，可以分为以下四种类型：

1. 水路和铁路衔接的综合货运枢纽

能够实现铁路货运、船期、港口装卸作业的精准对接，开展铁路、水路全程运输服务。在空间范围上应满足以下条件之一：① 位于港口陆域，且港区接入支线铁路、铁路专用线的物流园区、仓储堆场项目；② 紧邻港界，通过支线铁路、铁路专用线与港口相连的物流园区、仓储堆场项目。

2. 铁路和公路衔接的综合货运枢纽

能够实现公路班车、铁路货运的精准对接，开展铁路、公路全程运输服务。在空间范围上应满足以下条件之一：① 项目红线范围内有或红线边界贴临铁路货运场站的物流园区、仓储堆场项目，与高等级公路或城市快速路、主干道直接连通；② 具有满足整列作业要求的铁路专用线的物流园区、仓储堆场项目，与高等级公路或城市快速路、主干道直接连通。

3. 航空和铁路衔接的综合货运枢纽

能够实现高铁货运、航班、机场装卸作业的精准对接，开展航空、铁路全程运输服务。在空间范围上应满足以下条件之一：① 位于机场货运区，且机场货运区接入具备货运功能的轨道交通的物流园区、仓储堆场项目；② 紧邻机场货运区，通过具备货运功能的轨道交通与机场实现相连的物流园区、仓储堆场项目。

4. 航空和公路衔接的综合货运枢纽

能够实现卡车航班、航班、机场装卸作业的精准对接，开展航空、公路全程运输服务。在空间范围上应满足以下条件之一：① 位于机场货运区，且与高等级公路或城市快速路、主干道直接连通的物流园区、仓储堆场项目；② 紧邻机场货运区，通过专用货运通道实现路侧、空侧相连的物流园区、仓储堆场项目。

二、综合货运枢纽的碳排放

（一）碳盘查范围

结合综合货运枢纽规划、建设、运营、管理全生命周期，确定碳排量来源范围及碳盘查要求标准范围如下：

范围一，综合货运枢纽物理边界或控制的资产内直接向大气排放的温室气体，如建设阶段建筑施工、运营阶段燃煤锅炉、内部燃油叉车等。

范围二，综合货运枢纽外购电力和热力导致的间接排放。

范围三，综合货运枢纽生产经营产生的所有其他间接排放，如进出枢纽作业的柴油货车、员工通勤产生的排放等。

综合来看，范围一和范围二的碳排放是受综合货运枢纽建设主体控制的，而范围三则超出了综合货运枢纽控制但与综合货运枢纽的运输组织、能源布局、管理水平息息相关。因此，将近零碳综合货运枢纽划分为两个阶段场景：

阶段一，近零碳综合货运枢纽，实现了范围一和范围二的零排放，自身实现了零碳场景但进出作业的外部车辆仍会产生部分碳排放。

阶段二，零碳综合货运枢纽，实现了范围一、范围二和范围三的零排放，实现了枢纽物理边界内所有生产生活活动的零碳场景（图1-2）。

（二）碳排放关系

综合货运枢纽从空间上积聚了产业链供应链上下游企业，实现多种运输方式的有效衔接。从微观上来看，综合货运枢纽涉及生产、流通加工、中转分拨、配送等供应链各个环节的业务功能；从宏观上来看，综合货运枢纽兼具了促进区域经济发展、完善城市功能、整合区域资源及提升产业竞争力等社会功能。

排放范围	定义	温室气体核算体系定义活动		可选披露范围
范围一	**温室气体直接排放** • 企业燃烧燃料直接产生的温室气体排放	• 自有锅炉 • 自有熔炉	• 自有车辆 • 化工生产	
范围二	**温室气体间接排放** • 由其他企业生产并由核算企业购入的电力、热力和制冷所产生的温室气体排放	• 外购电力 • 外购蒸汽	• 外购热力 • 外购冷却	范围一&二 近零碳综合货运枢纽
范围三	**其他间接排放** • 除范围一、范围二，由企业运作造成的间接排放，包括上下游排放	• 外购商品和服务 • 资本货物 • 燃料和能源相关活动 • 上游运输和分销 • 运营中产生的废弃物 • 商务旅行 • 员工通勤 • 上游租赁资产	• 下游运输和分销 • 售出商品加工 • 售出商品使用 • 售出商品报废处理 • 下游租赁资产 • 特许经营 • 投资	范围一&二&三 零碳综合货运枢纽

图 1-2　企业碳盘查范围

同时，对于不同碳排放盘查主体，范围一和范围三也会依据供应链的链接形成排放源互换关系，综合货运枢纽还肩负着利益相关方的碳排放量计算。从供应链碳中和目标考量，综合货运枢纽与上下游共同的碳足迹，既可以分享碳排放计算量，又可以分享此部分碳减排量，实现供应链上下游协作消除"碳孤岛"的目标（图 1-3）。

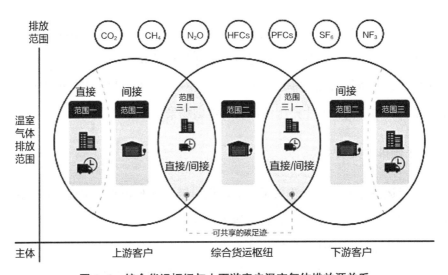

图 1-3　综合货运枢纽与上下游客户温室气体排放源关系

三、近零碳综合货运枢纽的概念

近零碳综合货运枢纽是一个典型碳中和场景，应具备如下特点：一是高效能源，具备高效综合能源体系以及节能减排措施；二是绿色运输，具备可再生能源交通发展空间，推动交通资源集约共享利用；三是绿色建筑，具备典型绿色建筑建造、管理与监测体系；四是减碳意识，具有自觉减少碳排放意识；五是生态承载，具有高度植被覆盖与充足水资源，保持生态平衡；六是循环经济，利用再生资源获得生产、生活的必需材料，推动物料循环利用。

目前，近零碳综合货运枢纽尚无统一、权威的界定。本书中，将近零碳综合货运枢纽定义为：按照适应安全、便捷、高效、绿色、经济、包容、韧性的可持续交通体系发展要求，在规划、建设、运营各阶段系统性融入绿色物流的发展理念，在边界范围内实现建筑施工、装备运用、能源消耗、运输组织近零碳排放的综合货运枢纽。

建设高效集约的物流体系和清洁安全的能源体系，是近零碳综合货运枢纽的发展重点，在减少能源消费总量、降低能源碳强度上"做减法"，在增加碳汇服务排放方面"做加法"（图1-4）。

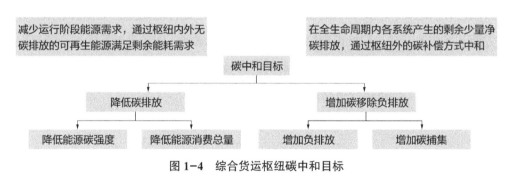

图1-4　综合货运枢纽碳中和目标

第二节　近零碳综合货运枢纽的意义

一、发展建设近零碳综合货运枢纽的宏观意义

从宏观层面来看，发展建设近零碳综合货运枢纽是落实国家重大战略，探索绿色、经济、高效发展路径的实践需要，同时也是落实国家愿景目标，助推交通

运输绿色低碳行动的有效途径。

《交通强国建设纲要》提出我国要促进公路货运节能减排,强化节能减排和污染防治,打好柴油货车污染治理攻坚战,统筹油、路、车治理,有效防治公路运输大气污染,构建安全、便捷、高效、绿色、经济的现代化综合交通体系。《交通强国建设纲要》和调整运输结构都是以习近平同志为核心的党中央做出的重大战略决策,是打好污染防治攻坚战、建设美丽中国的重要载体,也是交通运输领域实施碳达峰,实现节能减排、节能降碳的必然要求。近零碳综合货运枢纽作为交通运输领域重要的基础设施,是交通运输与相关产业融合发展的主要载体,其发展与建设不仅是进一步落实国家重大战略与规划目标的需要,对于以道路运输业为抓手,进而助推整个交通运输行业实现节能减排,最终达成碳达峰目标也具有十分重要的意义。

此外,随着《国务院关于印发 2030 年前碳达峰行动方案的通知》的发布,交通运输绿色低碳行动已经被列为重点任务,为此,通过近零碳综合货运枢纽的建设,助力系统化节能降碳大有可为,从而走出一条能耗排放做"减法"、经济发展做"加法"的新道路。交通运输绿色低碳行动为整个交通行业提供转型机遇的同时,也带来了巨大挑战,加大创新投入、促进低碳转型、走绿色交通发展之路成为必然趋势。因此,从运输装备低碳化、路网运行低碳化、监管机制保障等方面开展相关研究,积极探索综合货运枢纽节能减排,即建设近零碳综合货运枢纽,不仅是对国家愿景目标的充分落实,而且有利于推进供给侧结构性改革、加快培育新动能、促进传统道路运输行业高质量发展。

二、发展建设近零碳综合货运枢纽的微观意义

从微观层面来看,发展建设近零碳综合货运枢纽的意义主要体现在环境保护、社会发展、经济效益和技术进步等多个方面。它不仅推动了可持续发展、提高物流效率、促进产业升级和转型、推动绿色经济发展,还增强了社会效益、推动技术进步等,最终实现经济发展和环境保护的共赢。

(一)保护生态环境,引导城市绿色发展

发展建设近零碳综合货运枢纽对保护和改善生态环境具有重要意义。随着全

球气候变化的不断加剧，环境污染和能源消耗已经成为当下亟需解决的重要问题，近零碳综合货运枢纽通过建设高效节能的绿色建筑、推广可再生能源的利用、优化改善运输组织模式等措施，在减少温室气体排放和能源消耗、保护生态环境等方面起到了重要作用。这不仅有助于应对气候变化，有效减缓全球气候变暖的速度，还能减少对周围生态环境的负面影响，提高当地居民的生活质量，促进绿色低碳发展。

同时，近零碳综合货运枢纽能够很好地融入城市生态空间，其建设发展可以引导城市规划和建设更加绿色、环保和可持续发展。按照站城一体、产城融合、生态协调的原则，集约和谐、综合立体的开发综合货运枢纽（图1-5）。新建项目选择"近城而不进城"的位置，优化城市物流空间布局，使用新型建材，打造碳益建筑；存量项目多选择立体化改造，优化对外集疏运系统，加强绿色景观建设。

图1-5　深圳中通百富新现代物流园

（二）推动技术升级，加快物流设施装备绿色创新发展

发展建设近零碳综合货运枢纽可以推动物流相关技术的创新发展和推广应用。枢纽内的企业通过采用先进的绿色物流技术和管理方法，在提高物流效率和管理水平的同时极大限度地降低碳排放水平，比如，广泛采用电动叉车、电动升降机、电动运输机和分拣机及电子条码标签等绿色装备及技术，降低枢纽内部碳排放量。同时，枢纽的建设和运营也可以促进相关技术的研发和应用，推动行业

的科技进步和创新发展，比如在枢纽内建设充电桩、换电站、加氢站等设施，推广新能源物流汽车等绿色载运工具的使用等（图1-6）。

图1-6　绿色物流运输车辆

（三）优化货物运输结构，推动多式联运发展

近零碳综合货运枢纽具有多式联运换装、货物集散、仓储、中转运输等功能，集中布设并实现不同运输方式之间的货物有效换装与衔接，即以无缝换装为导向，引导多种交通运输方式在枢纽内有效衔接、一站服务、一体组织、全程可控，推动大宗物资和长距离的运输任务从公路转向更加绿色经济的铁路、水路运输（图1-7）。推动铁路专用线进枢纽，支持公路主导型综合货运枢纽发展内陆无水港、铁路无轨货场、机场异地货站等模式，通过组织衔接拓展多式联运功能，推动多式联运发展。

图1-7　北京市砂石骨料"公转铁"

（四）加强低碳运输组织，提升货物运输效率

近零碳综合货运枢纽的建设和运营可以促进企业间的合作，降低企业运营成本。通过共享基础设施和资源，企业大力发展网络式甩挂运输、共同配送等集约化组织模式，推进多式联运、甩挂运输与共同配送组合发展，提高运输效率，降低车辆消耗和碳排放。推动枢纽之间建立多种形式的合作联盟，在全国范围内连锁复制运营模式，打造循环往复的网络化组织协作，提升货物运输效率，降低物流成本，同时带动当地经济的发展，增加就业机会，提高经济效益。

（五）推广绿色节能技术，促进社会可持续发展

近零碳综合货运枢纽的建设广泛采用了智慧照明、能源智能供配、无线快速充电、智能通风控制等绿色节能技术，以及外墙保温、门窗隔温等节能改造；利用第五立面合理布局光伏发电设施，构建新能源微电网，与市电等并网供电；推动运输包装循环共用和回收利用，推广使用可循环、可折叠、可降解的新型物流设备和材料等，降低碳排放和能源消耗，从而推动绿色经济发展、促进社会可持续发展（图1-8）。

图1-8　联合利华（合肥）物流园

（六）加大智慧减排引领，提升资源整合能力

近零碳综合货运枢纽的建设可以推进枢纽全链条信息交互共享，有效整合城际干线运输、城市配送相关公共信息系统以及城市交通管理信息系统等各类数据信息，促进各类信息资源的共享共用。支持枢纽线上线下融合发展，利用新一代信息化技术优化货运物流服务，实现物流企业、生产制造企业和商贸流通企业的信息互联共享，提升供应链资源整合能力，避免无效、低效的物流活动，推动整条供应链的绿色可持续发展。

第三节　近零碳综合货运枢纽的特征

近零碳综合货运枢纽呈现出产业集聚化、企业合作化、技术创新化、环境友好化、可持续发展化、服务优质化和管理规范化等特征属性。这些特征属性相互关联、相互促进，共同推动近零碳综合货运枢纽的发展，通过充分挖掘和发挥这些特征属性的潜力，可以实现经济发展和环境保护的共赢。

（一）产业集聚化

近零碳综合货运枢纽通过实现产业集聚，可以充分利用基础设施和资源，降低企业低碳排放的成本，从而培养企业对低碳经济意识的积极性。产业集聚还可以产生产业链效应，提高物流产业的效率和减少无效活动。此外，物流产业内部可以做到优质高效、减少无效活动，而对物流延伸产业而言，可以增强其集聚性，降低由于寻求延伸产业而带来的消耗。

（二）企业合作化

在近零碳综合货运枢纽的建设、运营与管理过程中使得相关企业间合作意识更强。枢纽的建立有助于降低企业间合作的成本，对于发展低碳经济有很大的促进作用。企业合作的最大优势在于可以实现资源整合和共享，物流企业通过彼此之间的合作实现共同配送，增加车辆的满载率，从而降低车辆的消耗，减少碳排放。同时，企业合作有利于优化和创新运输组织模式，加强不同运输方式的衔接，使得运输效率得以提高，进而减少频繁装卸搬运所带来的能源消耗及碳排

放。此外，企业合作促使企业之间相关作业实现合作化，企业共享加工设备，共享仓储设施，甚至共用员工，从而提高了设施、设备以及员工的利用率，减少了无效活动带来的碳排放。

（三）技术创新化

近零碳综合货运枢纽的建设与发展需要不断进行技术创新。包括采用先进的物流技术和管理方法，例如使用电动或氢能源的运输工具、利用大数据和 AI 进行需求预测和路径优化等。这些创新可以提高物流效率和管理水平，降低能源消耗和碳排放，同时，技术创新还可以推动绿色经济的发展和产业转型升级。

（四）环境友好化

环境友好化是近零碳综合货运枢纽的核心特征。枢纽通过采用低碳技术和节能措施，可以显著降低能源消耗和碳排放量，从而减少对环境的影响，例如，使用清洁能源、进行能源审计与管理等措施。此外，枢纽还应注重环保设施的建设和环境治理，例如，建设雨水收集系统、垃圾分类处理设施等。这些措施都起到保护生态环境、促进绿色低碳发展的作用。

（五）可持续发展化

近零碳综合货运枢纽的发展遵循可持续发展的原则，这意味着枢纽的发展应与城市规划和建设相协调，推动区域经济的可持续发展。同时，还应注重经济效益、环境效益和社会效益的统一，通过推动绿色经济的发展、促进产业升级和转型、提高社会效益等措施，实现经济、社会和环境的和谐发展。

（六）服务优质化

近零碳综合货运枢纽作为智能化的交通物流基础设施，其建设的目的就是提供优质的服务以满足客户的需求，包括高效的物流配送、便捷的信息服务、完善的仓储设施等。优质的服务可以提升企业的竞争力和品牌价值，促进枢纽的快速发展。同时，枢纽还应注重员工培训和主题教育，提高员工的业务水平、工作能力和服务意识等。

（七）管理规范化

近零碳综合货运枢纽的日常运行离不开规范的管理体系，包括制定相关的管理规定和标准，确保枢纽的正常运行和可持续发展。规范的管理可以提高枢纽的运营效率和资源利用效率，降低成本和风险。同时，枢纽还应建立有效的监管机制和评估体系，对枢纽的运营进行定期评估和改进完善。

第二章　近零碳综合货运枢纽的典型案例

截至 2022 年末，我国已拥有各类规模以上的物流园区 2553 个，其中综合货运枢纽约 1030 个。随着"双碳"愿景的持续推进，近零碳综合货运枢纽逐渐成为发展热点。2022 年 3 月，位于西安国际港务区内的京东"亚洲一号"西安智能产业园获得由北京绿色交易所和 CTI 华测认证颁发的碳中和认证双证书，成为我国首个"零碳"综合货运枢纽。同年，普洛斯上海宝山物流园获得美国能源与环境设计先导绿色建筑评估体系（LEED）铂金认证，成为全球为数不多获此项最高级别绿色运营认证的物流基础设施之一，也是国内获此认证中体量最大的综合货运枢纽。

第一节　多式联运与近零碳综合货运枢纽

一、多式联运在降低碳排放过程中起到的作用

多式联运是一种由两种或以上的交通工具相互衔接、转运而共同完成的运输过程。多式联运可以实现多种运输方式的协同优化，减少不必要的转运和空驶，降低运输过程中的能源消耗和污染物排放。

根据国际能源署数据显示，全球交通部门温室气体排放约占 24% 左右。根据目前研究显示，公路运输作为货运量占比达 70% 以上的运输方式，其碳排放因子远高于铁路运输及水路运输，可通过大力推动多式联运的方式，有效降低运输过程中的二氧化碳排放。

一方面，相比单一的采用公路运输模式，多式联运过程中货物在铁路、航空、水路和公路等多种运输工具间进行转换和衔接，能够有力推动物资的"公转铁、公转水"，从而促进运输结构调整，使碳排放因子较低的铁路与水路运输能够承担更多货运量。

另一方面，多式联运还可通过减少运输距离降低碳排放。在长途货运中，可通过合理规划各运输方式的经济运距以缩短货物的运输距离，由此避免长途公路

运输带来的能源消耗和碳排放。以入选国家第二批多式联运示范工程名单的环渤海鲁辽公铁水滚装联运项目为例,通过公水联运,将烟台与大连的运输距离从1500公里缩短至165公里,减碳作用更加突出。

二、典型多式联运综合货运枢纽案例

(一)重庆果园港长江上游"铁公水"国际多式联运示范工程

该项目由中国远洋海运集团有限公司所属中远海运物流供应链有限公司西南分公司负责建设,业务范围辐射中国西南地区和东盟等国家和地区,借助长江黄金水道,对接"西部陆海新通道""一带一路"和中缅、中老国际铁路通道。该项目工程于2021年5月启动,占地面积166.43亩,建设规模11845平方米,业务涵盖集装箱物流、散货物流、仓储物流、工程物流、空运物流、冷链物流、化工物流、船舶代理等专业领域(图2-1)。

图2-1　重庆果园港多式联运实景图

项目依托"一带一路"、长江经济带、西部大开发和成渝地区双城经济圈建设等国家战略,在促进"枢纽+通道+网络"模式、提高重庆物流体系运营能力建设、完善重庆物流一体化网络布局方面都具有非常重要的意义。

在降低物流成本方面,根据企业提供的数据,以重庆—宁波—美洲双向海铁公联运线路为例,从重庆到宁波港的单位运价降低了11.1%,从宁波口岸到重庆的单位运价降低了42.8%。结合该示范线路的平均运距以及货运量,预计到2025

年，上述路线物流成本将降低 5040 万元。

在降低能源消耗方面，以欧洲—深圳／广州—重庆双向海铁公联运线路为例，单向运距为 1800 公里，根据各运输方式单位运距能耗系数和预测运量，预计到 2025 年，上述路线可节约 1722.38 吨标准煤。

在降低碳排放量方面，以欧洲—上海—重庆双向海铁公联运线路为例，单向运距为 1500 公里，根据各运输方式单位运距能耗系数和预测运量，预计到 2025 年，上述路线可减少 1818.97 吨二氧化碳排放量。

（二）梁山港山东济宁"瓦日铁路—京杭运河—长江黄金水道—东南沿海"大通道智慧绿色铁水多式联运示范工程

梁山港隶属于济宁港航发展集团有限公司，位于梁山北的梁济运河右岸、黄河下游经济区内，与瓦日铁路的直线距离仅为 1.8 公里，与黄河的直线距离为 10 公里，是国家级第四批多式联运示范工程，也是江北最大的内河港口（图 2-2）。2022 年梁山港实现营收 15 亿元、利税 2.7 亿元，完成集疏港量 1806 万吨，运营以来累计实现大宗货物集疏量 6500 万吨。

图 2-2　济宁梁山港多式联运实景图

梁山港处于瓦日铁路与京杭大运河的黄金交叉点，是京杭大运河通航最北端，作业区后方与国道 G220、省道 S333 以及董梁高速紧紧相连，占据着西煤东运的咽喉要地，具有得天独厚的区位优势。不仅是山东煤炭保障供应的主力军，还能沿运河入长江，辐射江浙沪，成为连接西部煤源产地和长江三角经济区的重要物流枢纽。该枢纽总体呈现"一平台、两体系、三线路、四方向"的多式联运格局，具有"全程不落地"高效转运、"零碳"联运绿色组织、多属性"一单制"提单、构建"重载＋重载"铁水联运、"国家能源安全保供"通道等示范作用。"一平台"是指多式联运服务平台，"两体系"是指散货转运体系和集装箱转运体系，"三线路"是指以梁山港为核心枢纽节点的三条多式联运示范线路，"四方向"是指梁山港联运枢纽多式联运智慧化、绿色化、集群化、重载化四大发展方向。

梁山港优越的地理位置，在运输成本上得以充分体现。以上游瓦日铁路冯家川站煤炭运输至下游湖南湘潭为例，梁山港可比日照港节约综合物流成本约 49 元／吨；以钟摆式货物回流，从南方泗洪县运输粮食至梁山县面粉厂为例，可比传统汽运方式节约 80 元／吨。至示范期末，梁山港铁水多式联运量年增加 15%，实现综合物流成本降低 20% 以上，"散改集"货运量增长 20%，货运单位运输周转量能耗下降 10% 以上，二氧化碳排放减少 10% 以上。

第二节　绿色电力与近零碳综合货运枢纽

一、绿色电力在降低碳排放过程中起到的作用

数据显示，目前我国物流交通能耗已占全国总能耗的 20% 以上。其中，物流园区能源消费量在 2021 年就已达到了 786.8 亿千瓦时，碳排放量为 4731.6 万吨。物流行业已成为能源消耗大户和碳排放大户，应用绿色电力等清洁能源降低能耗与碳排放已是迫在眉睫。

绿色电力一般指风电、太阳能发电、水电、生物质发电、地热能发电、海洋能发电等可再生能源电力。可再生能源发电过程中不产生或很少产生对环境有害的排放物（如二氧化碳、二氧化硫、氮氧化物等），且不需要消耗化石燃料，相较常规的化石能源发电更有利于环境保护和可持续发展，因此被称为绿色电力，简称"绿电"。

货运枢纽使用绿色电力作为供电来源，可以减少对传统燃煤或燃油发电的依赖，从而降低二氧化碳排放。近年来，为实现"双碳"目标布局，联邦快递、阿

里菜鸟、京东物流、顺丰速运、唯品会等头部物流企业纷纷开始布局和应用光伏、风电等绿电技术。

二、绿色电力在货运枢纽中的应用

（一）百胜中国南宁物流中心

为满足未来对可再生能源日益增长的需求，百胜中国南宁物流中心积极推动在自有物流中心屋顶铺设分布式光伏（DPV），同时评估并推进绿电采购作为补充，自 2023 年 7 月起已全面实行 100% 绿电替换。百胜中国于广西南宁及在建中的上海南翔物流中心均计划铺设分布式光伏。截至 2023 年底，包括屋顶光伏发电和绿电替换在内，百胜中国在自有物流中心和直营餐厅全年绿电消纳量约1000 万度。到 2025 年底，百胜中国所有新建物流中心将实现可用屋顶 100% 光伏覆盖（图 2-3）。

图 2-3 百胜中国南宁物流中心实景图

（二）福建省厦门市厦门邮件处理中心

中国邮政集团有限公司（以下简称"中国邮政"）为深入贯彻党中央、国务院关于碳达峰碳中和重要决策部署，落实《中国邮政集团有限公司关于落实碳达峰碳中和工作的意见》和《绿色邮政"十四五"发展规划》，加快推进中国邮政节能降碳建设，于2022年启动屋顶光伏发电建设工作。通过引入光伏能源头部企业，商定合作模式，试点先行、逐步推广，以闲置屋顶资源规模化利用为载体，创新能耗绿色转型，建成邮政全网性分布式光伏发电站。力争到"十四五"期末，实现生产经营场地、办公场所低碳化用电全覆盖，有效降低经营发展能耗成本，增加绿色能源供给收益。

2022年，在厦门邮件处理中心建设完成了分布式光伏发电站，使用屋顶面积共2.38万平方米，装机规模为1.58兆瓦（图2-4）。该电站采用"自发自用，余电上网"模式，所发电力主要供厦门邮件处理中心使用，年均发电量约171万千瓦时，每年可节约标准煤约617吨，可减少二氧化碳排放量约1710吨、二氧化硫排放量约51吨、氮氧化物排放量约26吨。同时，中国邮政正在推进上海王港、广州江高、江苏徐州其余3个试点项目建设，建成后年均发电量约960万千瓦时。试点项目的建成投产，将为中国邮政全面推进能耗低碳转型提供实践引领和示范样板。

图2-4　福建省厦门市厦门邮件处理中心光伏板实景图

（三）耐克中国零碳智慧物流园区

耐克中国零碳智慧物流园区总面积达30万平方米，是全亚洲最大的耐克物流配送中心。园区中运用风力发电，两台风机单机容量为3兆瓦，每年所发电力可达1400万千瓦时。同时设有0.3万千瓦的屋顶光伏，每年可产生300万度绿电，此外在地下90米深处还安装有地热泵系统，在冬季为办公楼加热、在夏季为办公楼降温。园区内有多处充电桩，分别为员工充电桩及电动重卡充电桩（图2-5）。

图 2-5　耐克中国零碳智慧物流园区实景图

随着项目启用，园区内部 70% 的能源直接来于物流园内的分布式风电、分布式光伏和储能，并且基于智能物联操作系统的优化，30% 的能源进入电网循环，实现 100% 可再生能源覆盖。

（四）京东"亚洲一号"西安智能产业园

京东"亚洲一号"西安智能产业园于 2019 年投入使用，为我国西北地区规模最大的智能物流中心之一，园区建筑面积近 30 万平方米，日均处理订单量超过 50 万件。园区内所有屋顶均配备容量为 9 兆瓦的光伏发电设备，总计 10 万平方米，占园区总面积的三分之一以上且已并网发电，为园区提供源源不断的绿色能源（图 2-6）。

图 2-6　京东"亚洲一号"西安智能产业园实景图

光伏产生的绿色电力白天主要供园区办公照明使用，夜间则通过"汽车＋车棚＋充电桩＋光伏"的项目试点，为电动新能源车辆充电。数据显示，仅2022年1～10月就发电约8500兆瓦时，较火力发电可节省燃煤近2600吨，较采购市电减少碳排放量约5670吨。

第三节　新能源装备与近零碳综合货运枢纽

一、新能源装备在降低碳排放过程中起到的作用

2021年，交通运输部在印发的《绿色交通"十四五"发展规划》中明确提出加快新能源和清洁能源运输装备推广应用，要求推进新增和更换港口作业机械、港内车辆和拖轮、货运场站作业车辆等优先使用新能源和清洁能源。

通过在综合货运枢纽优先使用电动、氢燃料电池等新能源和清洁能源装备，枢纽内部的搬运、装卸过程基本可以实现零碳排放或近零碳排放。随之而来的充电设施、氢燃料供应设施等建设也将促进相关技术的创新和发展，包括电池技术、充电技术、氢燃料生产和储存技术等，这将大幅度提升电动车辆等新能源装备的续航能力和充电效率，从而实现货运枢纽内部运营的绿色化可持续发展。

二、新能源装备的推广与应用

（一）东西湖物流枢纽基地

东西湖物流枢纽基地内已建设并启用了武汉市首个物流专用充电站，首批站内建有50台直流快充式充电桩。每台充电桩最快能在1.5小时内将一辆物流电动汽车的电量从0充至100%，每日最高充电服务能力达500台次，能够以最快速度满足同城之间的即时货运需求。后期将择机在公路港内开展充电站项目二期、三期的建设，使其最终达到200台直流充电桩的规模，可同时为200台新能源物流车充电，每天的充电服务能力将达到2000台次（图2-7）。

图2-7　东西湖物流枢纽基地物流专用充电站实景图

（二）自贡氢能重装物流园

自贡氢能重装物流园于2023年开始运营，是自贡市首个绿色无碳重装物流园。氢能重卡具有零排放、高功率、高集成度、高经济性、高智能化、高国产化等特点，相对于传统燃油车，在实现零排放的同时，动力更强劲、运输更高效，是四川省首次实现49吨级氢能重型卡车示范应用（图2-8）。这些重型卡车的投入运营，将为自贡市构建首条氢能物流示范线，扩大川南地区乃至全川氢能产业发展优势，助力实现可持续发展。

图2-8　自贡氢能重装物流园氢能重卡

（三）潞铁智慧物流产业园区

潞铁智慧物流产业园区锚定"双碳"目标，大力实施企业超低排放改造，积极引进新能源重载货车，开启大宗货物清洁运输，打造绿色运力生态。2022年，潞铁物流30辆新能源电动重卡交付投用（图2-9）。

图 2-9　潞铁智慧物流产业园区新能源重载货车

同时，换电站作为新能源汽车的重要补能方式，潞铁智慧物流产业园在引进新能源重卡之初就配套建设了相关基础设施。此换电站可实现多种车型的兼容换电、电池快速组装拆卸，以及低成本的绿电供应，可压缩30%以上的能源成本。

此外，为及时准确掌握换电站安全运行状态，为新能源重卡持续赋能不断电，园区还邀请电业人员定期进行指导对接，为园区新能源项目提供全方位优质服务，确保配网安全稳定运行。

第四节　绿色建筑与近零碳综合货运枢纽

一、绿色建筑在降低碳排放过程中起到的作用

为贯彻落实绿色发展理念，推进绿色建筑高质量发展，节约资源，保护环境，满足人民日益增长的美好生活需要，住房和城乡建设部在2019年更新了《绿色建筑评价标准》GB/T 50378—2019，提出了绿色建筑是指在全寿命期内，节约资源、保护环境、减少污染，为人们提供健康、适用、高效的使用空间，最大限

度地实现人与自然和谐共生的高质量建筑。

绿色低碳理念下综合货运枢纽在实现降低建筑碳排放上的实质是依托建筑物的选型、选址来充分利用自然风、自然光，使用新能源、水循环来减少碳排放，利用新材料、新工艺来减少对能源的需求，令其整体成为一个绿色配置的集成。

综合货运枢纽内部的建筑作为主要的物流活动载体，同时也是最大的碳排放单位，其碳排放主要是建筑全生命周期中的建筑运营使用期间所造成的能耗，其能源消耗和碳排放主要来源于照明、制冷、供热、餐饮、设施设备等。枢纽建筑低碳化发展是枢纽实现近零碳运营目标的关键因素之一，有着极为重要的意义。

二、绿色建筑在货运枢纽中的应用

（一）联合利华中国合肥物流园

2022 年，联合利华中国合肥物流园获美国绿色建筑委员会（USGBC）颁发的 LEED Zero（净零）认证中 Zero Energy（零能耗）和 Zero Carbon（零碳）两项指标的认证，这是亚洲首个 LEED Zero 零碳、零能耗双认证的物流项目。园区内部四座物流中心的屋顶全部安装了光伏发电系统，年发电量高达 653 万度，帮助累计减少 3792 吨二氧化碳排放（图 2-10）。根据第三方数据测算，项目年耗电量为 208 万度，年碳排量为 1298 吨，远小于利用光伏系统产出的发电量和帮助减少的二氧化碳排放。

图 2-10　联合利华中国合肥物流园实景图

（二）普洛斯 Magnitude 314 仓库

普洛斯的 Magnitude 314 仓库由超过 20 位建筑专家与顾问参与研发和创新，从初步概念的形成到收购场地，再到设计、规划、建造、装修和投入使用，每一个环节都尽力把碳排放和生态影响降到最小（图 2-11）。与市场通行标准的物流设施相比，Magnitude 314 仓库的建材碳排放程度减少了 25.8%，运营碳排放降低了 26.9%，各项指标引领行业前沿。

图 2-11　普洛斯 Magnitude 314 仓库

在选材与建筑方面，采购天然未处理的木材，创造有利于舒缓压力的工作环境；同时在混凝土中使用磨细高炉矿渣（GGBS）来替代水泥，降低混凝土的隐含碳排放，并尽可能减少施工现场外的泥土运输。在能源使用方面，采用光伏和太阳能，缩减成本并减少碳排放；同时，在所有人工照明系统中全部使用 LED 灯，并使用分析技术来监控照明系统，降低成本，改进工地的环境影响，安装智能电表来监控能源；收集雨水，减轻对当地供水系统的依赖，并使用"灰水"来冲厕、灌溉和清洗车辆。此外，在创造社会价值方面，该项目积极采购当地景观绿植、种植当地树木品种，并尽可能部署蜂巢来协助绿植授粉，以此促进生物多样性。该项目已给当地社区创造了超过 480 万英镑的社会价值和经济价值。

（三）万纬物流上海奉贤临港零碳园区

项目选用高性能机电系统，人体感应 LED 节能灯具，并在三个仓库的屋面铺设太阳能光伏系统，屋顶面积 27568 平方米，总装机容量接近 3.534 兆瓦。经初步估算，屋顶光伏年均发电量约 345 万度，年均电力消耗约 224 万度，屋顶光伏所产生的电量足以覆盖园区 1~3 号库及综合楼的能源消耗，园区能够实现运营阶段零碳排（图 2-12）。

图 2-12　万纬物流上海奉贤临港零碳园区效果图

在运营阶段，通过节能降耗及分布式光伏的应用，节约的能源约 2.6 万吨标准煤，减少二氧化碳排放近 6.8 万吨、减少二氧化硫排放超 200 吨，减少氮氧化物排放超 1200 吨，减少粉尘排放超 2.3 万吨。此外，为满足综合楼的热水需求，项目在综合楼屋顶设置有竖插式真空管集热器，屋面总集热面积达到 260 平方米。经核算，项目节能率达到 50% 以上。

（四）苏州物流中心大厦

苏州物流中心大厦位于苏州工业园综合保税区，总建筑面积为 74000 平方米，其中地上 57000 平方米，地下 17000 平方米，容积率为 2.59，大楼高度为 99 米，地上 26 层，地下 1 层，裙房为 3 层（图 2-13）。大楼围护结构采用点釉低辐射中空玻璃幕墙，充分考虑保温和遮阳效果；三楼裙房顶部安装了 90 套自然导光筒，为裙房三层局部区域提供日间照明；空调冷热源分别采用冰蓄冷和水蓄热系统，从而降低能耗；绿色照明系统采用了 T5 型日光灯和节能型筒灯，并且按照内区和外区分别进行控制，以充分利用自然光；整个大楼安装智能化集成系统（IBMS），对大楼所有设备系统的运行状态进行实时监测，及时发现运行中出现的问题，方便物业管理人员调整运行策略，提升了整个大楼的运行管理效率，进而达到节能降耗的目的。

图2-13　苏州物流中心大厦实景图

第五节　数字技术与近零碳综合货运枢纽

一、数字技术在降低碳排放过程中起到的作用

综合货运枢纽的绿色低碳发展不仅在于运输结构调整和运输组织优化、设施设备的电气化改造以及使用清洁能源等方面，还涉及行业的全产业链条，以及数字化、智能化改造等多个方面。随着供应链物流管理理念得到广泛认可和物流数字化转型优势的日益凸显，数字技术在物流降碳问题上的重要性也越来越凸显。

数字技术的应用能够从不同层面促进减排降碳、成本节约及效率提升。

数字化赋能是近零碳综合货运枢纽建设的核心之一，主要体现在枢纽的管理智慧化和管理数字化两个方面。其意义在于持续对枢纽的智慧设备、模块及系统等进行迭代，在提升效率和安全的同时，大幅降低非必要的碳排放，将数字化手段贯穿碳中和路径的始终，依托数字平台，感知并全面监测碳排放和消减过程，从而支撑最优碳中和决策的制定。

二、数字技术在零碳园区中的应用

（一）鄂尔多斯零碳产业园

鄂尔多斯零碳产业园以"能碳双控"平台为数字基座，支撑碳排放和能耗指标的可跟踪、可分析、可视化。统一管理碳数据、碳指标以及能耗数据指标，实现碳排放和能耗等重要指标的实时监测、及时预警和优化闭环。"能碳双控"平台可以将新能源产生的绿色发电量计算清楚，并将其从能耗总量中刨除。园区通过管理平台进行数据采集与监控，将能量的产生、消耗、使用和能效分析结合在一起，并通过可视化展示，直观反映出能源的利用效率，提高用户能源数据的可追溯能力。通过对获取的数据进行处理分析，实现企业能源信息化集中监控、设备节能精细化管理、能源系统化管理等，有效降低能源损失，提高能源转化效率（图2-14）。

图2-14 鄂尔多斯零碳产业园全景图

（二）重庆 AI city 园区

重庆 AI city 园区通过智慧化管理平台将内部各个系统集成，进行数据集中监测和管理，建立全面感知、随需应变的智慧园区环境，从而形成统一的智慧管理体系，实现智慧化节能化管理运营。园区应用"智能大脑"ABAS BI 超级楼控系统和相应的"神经末梢"智能传感器，全面兼容暖通、空调、照明、给水排水、变配电监控、火灾报警、通行与停车管理等各子系统，集成为信息枢纽，形成可视化的数据，实现智能诊断、智能响应、智能控制，从而节约能耗 60%、节约人工 50%。同时，在园区管理服务方面与上级相关部门、入驻企业等加强交流，基于 AIoT 全园区能耗数据监控平台，针对园区内高耗能、高风险，企业进行定向精准可视化监管，实时了解企业水、电、气等能耗使用情况以及碳排放情况，辅助决策支撑。园区通过云＋AIoT 技术组合方式，支撑全链式智能服务和管控，助力智慧园区和智慧楼宇的数字化建设和运营，实现园区和楼宇的节能减排（图 2-15）。

图 2-15　重庆 AI city 园区全景图

（三）唐山玉田"零碳仓库"

唐山玉田"零碳仓库"为省级周转库，地处冀北五市交通环网的中心区域玉田县内。该仓库经过绿色数智转型建设，已正式被中国仓储与配送协会认证为电力物资"零碳仓库"，其积极推行运行降碳、环保降碳和智控降碳，并搭建了"能碳双控"平台（图 2-16）。该平台可实时监测能源动态流向，预测库区风电、光伏发电的出力情况，并基于此对库区的储能、充电和用电实施调度管理，为库位路径优化、检测任务排程、充电桩有序充电及空调照明优化控制等提供支撑。

图 2-16　唐山玉田"零碳仓库"

第三章　近零碳综合货运枢纽的发展趋势

第一节　总体发展趋势

物流行业是社会经济发展的重要组成部分，也是能源消耗和温室气体排放大户。综合货运枢纽是物流业务集聚发展的核心单元，集成多种运输方式，包含多种物流设施和功能业态。其碳排放场景主要涉及交通运输和建筑领域，交通运输领域主要包含枢纽内货物运输、搬卸、分拣、配送等运输环节中运载工具产生的碳排放、建筑领域则主要是基础设施建设阶段产生的碳排放，以及在枢纽运营阶段必不可少的供电、供暖、制冷造成的碳排放。

当前阶段，我国交通运输和建筑领域是仅次于工业的第二、第三大碳排放源头。据统计，2020 年，全国建筑全过程（包括建材生产阶段、建筑施工阶段、建筑运行阶段）能耗总量为 22.7 亿吨标准煤，占全国能源消费总量的比重为 45.5%；当年全国建筑全过程碳排放总量为 50.8 亿吨二氧化碳，占全国碳排放的比重为 50.9%。另外，根据国家发展改革委在十三届全国人大常委会第二十九次会议联组会议上应询介绍，2019 年我国交通运输领域碳排放总量为 11 亿吨左右。两大碳排放源头领域迫切需要走上绿色低碳发展道路来增强行业的可持续发展能力。

随着"碳达峰、碳中和"愿景的纵深推进，我国正在掀起以低能耗、低污染、低排放为特征的绿色基础设施建设浪潮，近零碳综合货运枢纽应运而生。通过低碳理念、技术和管理手段，围绕规划、建设、运营和管理全过程，实现综合货运枢纽的高能效、低能耗、低污染、低排放运营，不仅是促进现代物流行业用能结构优化调整的关键，对加速行业绿色低碳转型也具有重要的现实意义和长远影响。

为促进、指导近零碳综合货运枢纽发展，党和国家先后出台了若干政策文件，推进力度不断加码。例如，2021 年 10 月，中共中央办公厅、国务院办公厅印发了《关于推动城乡建设绿色发展的意见》，指出要"大力推广超低能耗、近零能耗建筑，发展零碳建筑"；同期，国务院印发的《2030 年前碳达峰行动方案》

明确提出"开展建筑、交通、照明、供热等基础设施节能升级改造"同时要"加快绿色交通基础设施建设，将绿色低碳理念贯穿于交通基础设施规划、建设、运营和维护全过程，降低全生命周期能耗和碳排放"；2021年12月，国务院印发的《"十四五"现代综合交通运输体系发展规划》提出"选择条件成熟的生态功能区、工矿区、城镇、港区、机场、公路服务区、交通枢纽场站等区域，建设近零碳交通示范区"等。

综合来看，近零碳综合货运枢纽已经成为未来货运枢纽发展的主流方向，在国家"双碳"愿景推动下，近零碳综合货运枢纽的建设是国家战略宏观层面到微观层面的有效落地。在规划阶段，制定顶层设计，规划零碳能源体系、零碳建筑体系、零碳交通体系布局以及未来目标；在建设阶段，充分利用绿色新型材料和建筑节能技术，推进绿色能源智能供配、智慧照明、节能改造等；在运营阶段，应用光伏发电、绿色储能系统等实现零碳排放；在管理与维护阶段，通过数字赋能优化物流资源配置、运输组织以及全过程能碳监测等，从而实现全生命周期和全过程低碳绿色可持续发展。

第二节　近零碳综合货运枢纽建设发展趋势

近零碳综合货运枢纽的建设主要涉及建筑设施、配套设施、绿化设施等。其中，建筑设施是枢纽实现其各项基本功能的主要载体，是建设的核心。近零碳综合货运枢纽建筑体量庞大，建设过程中需要大量的建筑材料，传统施工材料具有耗能大、污染严重等特点，为有效应对全球气候变化、资源能源短缺、生态环境恶化的挑战，零碳建筑逐渐成为近零碳综合货运枢纽的主要建筑形式及未来的发展方向，并同时带动了绿色建材的快速发展。

一、零碳建筑

零碳建筑是在建筑全生命周期内，充分利用建筑本体节能措施和可再生能源资源，通过减少碳排放和增加碳汇实现净零碳排放的建筑，同时，还可以减少其他空气污染物，降低建筑运营成本，改善建筑内部环境，并提高建筑抵御气候变化的能力。零碳建筑考虑的不仅是建筑运行阶段的碳排放，更是全面考虑建筑建造过程中的隐含碳排放，目标是在建筑的全生命周期实现碳的零排放。

根据世界绿色建筑协会相关数据，来自建筑物的温室气体排放占所有温室气体排放的近40%，成为各种类型枢纽中的主要碳排放来源之一，并贯穿枢纽建设的全过程。其中来源于钢铁、水泥、玻璃等建筑材料的生产和运输，以及现场施工过程的碳排放称为建筑的内含碳排放；来源于建筑运行阶段的碳排放，包括暖通空调、生活热水、照明及电梯、燃气等能源消耗产生的碳排放称为建筑的运营碳排放。

未来零碳建筑的发展趋势主要体现在更加注重可再生能源和绿色建材的应用两个方面，即在源头上实现全部能耗由场地产生的可再生能源提供，例如太阳能、风能等，积极采用低排放水泥、高性能混凝土、木材等绿色建筑材料，充分结合新设备、新技术对建筑内部环境进行节能改造，在最大幅度降低建筑供暖、空调、照明能耗的同时也能提高建筑的质量和耐久性。

二、绿色建材

绿色建材是指采用清洁生产技术，少用天然资源和能源，大量使用工业或城市固态废物生产的无毒害、无污染、无放射性、有利于环境保护和人体健康的建筑材料。

绿色建材与传统建筑材料相比具备四个显著特征：一是绿色节能。绿色建材在生产和使用过程中不添加任何有毒或有害物质，有利于减少能耗和建材的消耗，并且绿色建材的主要原料来源于固体废料，从而达到废料回收再利用和节约资源的效果。二是循环利用。绿色建材在经过初次利用后，经过后期加工仍可以重新应用到工程建设中，对环境无污染。三是环境友好。绿色建材采用低能耗制造工艺和无污染环境的生产技术，同时还能改善生产环境。四是功能多样。绿色建材不仅具有绝热性，还能起到抗菌、屏蔽有害射线等多种作用。

上述显著特性决定了在"双碳"背景下，绿色建材将会逐渐成为替代传统建筑材料的发展主流，例如轻型钢材、光学建材、环保活性土、水泥纤维板等逐渐兴起。在近零碳综合货运枢纽建设方面，未来绿色建材的应用主要是在通风建材、隔热建材两个方面，通常在仓库、办公楼等建筑物上应用较多。

（一）绿色通风型建材

在绿色建筑施工中，其门窗的结构以及开合等需要具有较高的通用性。良好绿色通风型材料的选择，不仅可以降低空气流速，还可以改变空气进入室内的方向，提高建筑室内舒适度。此外，绿色通风型材料的使用还具有过滤空气、降噪以及防止空气冷凝水吸入的作用。

（二）绿色隔热型建材

该材料的主要部分包括空气间层、玻璃以及吸收面等，其中空气间层具有吸收并储存交流换热的作用；玻璃具有反射外界光线的作用，可以有效预防光污染，中空玻璃、真空玻璃和Low-E玻璃是当前绿色建筑节能设计的重要组成部分；吸收面常为黑色，具有阻隔外界热量交流与传播的作用，可以有效提升建筑室内保温与隔热效果。常见的绿色隔热材料内部为蜂窝状结构，外观透明，既可以吸收太阳辐射，调整室内保温性能，又可以提高材料使用率，避免材料浪费。

第三节　近零碳综合货运枢纽运营发展趋势

综合货运枢纽的运营主要涉及仓储、装卸搬运、运输组织等环节，近零碳综合货运枢纽的运营需要各环节应用绿色节能的设施设备和装备，并借助数智赋能来实现枢纽的碳中和。未来数字化、智能化发展和能源转型将是近零碳综合货运枢纽运营的发展趋势。

一、数智赋能

数智赋能是推动近零碳综合货运枢纽发展的必然选择和必然趋势，也是带动上下游企业发展绿色供应链的重要抓手，未来近零碳综合货运枢纽的运营将会更加注重数字化转型。枢纽通过数智赋能可以提升管理效率和运行效率，从而减少碳排放；可以驱动零碳、减碳、负碳等技术创新，引领枢纽绿色低碳高质量发展；可以助力碳监测体系构建和支撑碳核算体系运转，实现碳生命周期全程智慧管理。最具代表性的数字化转型发展趋势就是基础设施数字化转型，推动近零碳综合货运枢纽实现以数据为中心的数字化转型，布局以 5G、人工智能、工业互联网、大数据中心为代表的新型基础设施，推进 5G 基站、物联网规模覆盖，提升枢纽基础设施运行效率和服务能力。

二、绿色能源

设施和设备的电力清洁化是未来枢纽实现零碳发展的大趋势和关键所在，其主要途径包括购买绿电、建设新能源电站、布设分布式新能源等。枢纽通过构建以可再生能源为主的零碳能源系统，并配套智能电网等基础设施，可有效地进行一体化的综合能源规划。电能相较于其他一次能源具有绿色、安全、环保、便捷等突出优势，构建以电力为主的能源消费，以及配套的综合能源（包括储能、充电桩等）服务，可以从整体上优化枢纽能源结构。结合枢纽用能特点，在终端能源消费环节推进"以电代煤""以电代气"，在物流环节推进"以电代油"，能够从源头显著减少碳排放。在此基础上，光伏、风电、水电等清洁可再生能源的因地制宜布局，可以降低以火电为主的市电的使用，极大程度上提高了枢纽能源供应的清洁度。

比较典型的做法有：通过分布式屋顶光伏实现能源绿色化，依托太阳能资源与光伏发电设施，最大限度地使用可再生绿色能源来代替传统能源，进而中和温室气体排放；在枢纽内部，从运输结构进行调整优化，提高运输、装卸环节的用能清洁化水平，如通过电动物流车、氢燃料电池物流车、电动叉车、电动升降机、电动运输机等新能源运载工具使用，有效降低枢纽的碳排放水平，实现低碳运营。

三、智能立体仓库

智能立体仓库作为一种新型的仓储设施，能够实现仓储资源高效利用，正逐渐成为物流行业的新趋势，也是枢纽运营的重要基础设施。仓储作为供应链中一个重要的环节，随着市场环境和需求变化，仓储管理需要顺应上下游柔性生产、快速响应、资源集约利用的变化。数字化仓储管理系统链接供应链上下游，实现相关企业信息数据的可视化和一体协同，帮助仓储管理提升资源调节能力、物资管理能力、配送调度能力，同时充分发挥蓄水池作用，使仓储资源得到高效利用，实现资源节约，促进供应链全链条降碳降本。

同时，在加入绿色、低碳理念设计的智能立体仓库在节能、降碳、环保等方面优势更为明显：首先，智能立体仓库不同于传统仓库，更多地应用了高效节能的 LED 照明技术来降低能源消耗；其次，智能立体仓库可以通过光照感应和智能控制系统，根据仓库内部的光照情况自动调节照明亮度，进一步减少能源浪费；再次，通过优化布局和风道设计，智能立体仓库可以实现空气流通和热量对流，配合先进的传感器和智能控制技术，根据实时温度、湿度等参数，自动调节空调系统，提高能源利用效率；最后，智能立体仓库还可以采用雨水收集与利用系统，用于冷却设备、卫生间冲洗等非生产性用水，降低水资源的消耗和污水排放。

四、智能运输

智能运输能够实现车货匹配、货运装箱及路线优化，提升基于人工智能的运输优化能力，是枢纽业务运营发展的必然趋势，可以极大限度地提高枢纽的运行效率和降低能源消耗。智能运输针对从不同仓库发运或发往不同目的地、指定货物的装载车辆和装载顺序，根据订单目的地与可行的车行路线进行匹配，将可进行拼车的订单进行统一规划，实现智能装箱，降低总运输成本。在达成车货匹配的同时，智能运输系统提供货车路线优化，根据多个预设条件的分析，特别是配送目的地时间窗口、车辆限行、配送优先级等，做货车的路径规划。这样可以实现运输成本最优、运输时间最短、运输里程最短等优化目标，从而降低货物运输环节的能源消耗。

第四节　近零碳综合货运枢纽管理与维护发展趋势

在"双碳"背景下的近零碳综合货运枢纽和新一代信息与通信技术深度融合，通过枢纽内及时、互动、整合的信息感知、传递和处理，为管理者和用户提供智能化管理、高效运作、全方位服务的数字化生活和工作环境。未来，用主动运维思想来代替传统运维方式是近零碳综合货运枢纽管理与维护的主要发展导向，通过主动高效的管理与维护来有效保障枢纽能源体系安全，借助数字化手段实现枢纽内部能源和碳排放的精细化管理，打造系统性节能降耗的管控一体化场景。

一、数字化能源综合管控体系

由于风、光等清洁能源的随机性和波动性，枢纽难以保证能源供应的平衡与稳定，综合能源系统由此应运而生，并成为促进清洁能源消纳、增强能源梯级利用、提高能源使用效率、实现多种形式能源协调运行的重要解决方案，也成为近零碳综合货运枢纽能源转型的关键。作为满足枢纽多元化能源生产与消费的新型能源服务方式，综合能源系统依据能源互补理念构建，整合电力系统"发－输－配－用－储"的多个环节，覆盖多种类型的分布式能源，打通电、热、气多种能源子系统，实现多种能源互补互济和多系统协调优化，有效提高枢纽能源利用效率和经济性。从能源传递链来看，近零碳综合货运枢纽综合能源系统存在"源－网－荷－储"多种协同互补路径，即源端互补、源网互补、网荷互补等多种互补模式以及相互之间的协调互补模式。

最为典型的做法，也是未来发展的主流趋势就是通过部署微电网和储能设备对能源进行调度，对能耗、环境实时监控、数据分析、能耗预警、能效对标、能耗预测等进行数字化管控，实现网电与分布式电源的出力分配，在微电网内部将可再生能源渗透率提到最大，使得自发自用的清洁能源取代主电网或本地化石燃料发电机产生的全部或部分能源，同时利用储能设备实现可再生能源储存。

（一）微电网能量管理

未来的综合货运枢纽相比于传统枢纽，电力系统架构将存在较大差异。随着清洁能源、储能系统的应用，枢纽内部的电能潮流方向将由单向变为双向，系统复杂程度大幅提升，原有电路与电力电子元件的载流能力受到考验。同时，伴随自动化、电气化水平逐步提升，越来越多的货运车辆、转运装卸设备、叉车等逐步电动化，使得枢纽的用电负荷随机性更强。此外，新能源的输出功率也具有随机性，这使得合理调配枢纽微电网的电能供应，保障电能的供需平衡变得尤为重要。

　　微电网技术指使用分布式电源、储能装置、能量转换装置、负荷、监控和保护装置等组成的小型发配电系统，是能够实现自我控制、保护和管理的自治系统，既可以与外部电网运行，也可以独立运行。枢纽的电力使用负荷大、强度高，对电能的质量要求高，因此，整合太阳能、风能等分布式能源，建立综合能源微电网是枢纽实现碳中和的重要手段之一。能量平衡控制是微电网运行中最重要的问题，在微电网实际运行过程中，分布式电源种类和数量不断增加以及大量柔性电力电子装置的出现将进一步增加微电网自身的复杂性，同时，并网模式下与配电网主网的协调互动又进一步增加了维持功率平衡的难度。为了精准高效地实现多能互补，需要高精度的发电和负荷预测技术，大数据、人工智能等数字技术的应用能够助力微电网从建模到预测再到优化的动态智能化系统建设，实现资产和能源使用效率的最大化（图3-1）。

图3-1　典型的微电网系统三层架构

（二）氢储能

　　氢能在能源、交通、工业、建筑等领域都具有广泛的应用前景，可以作为能源互联转化的重要媒介，推动能源清洁高效利用，实现大规模深度脱碳。氢储能指将氢气作为二次能源，在适宜的条件下将化石燃料、电能等能源转化为氢气储存，并在需要的时候通过燃料电池或其他反应转化为电能等能源的技术。对于风力、光伏等不稳定能源发电，氢储能是一个非常理想的解决方案。

氢储能技术能够有效解决综合货运枢纽当前模式下的可再生能源发电并网问题，同时也可以将此过程中生产的氢气分配到物流等其他领域中直接利用，提高经济性。目前，氢能系统的转换效率较低（电转氢效率多为 60%～70%，氢转电最高效率约为 60%），因此以电能系统、氢能系统及热能系统构成的储能模型为基础的微电网系统成为提高氢能系统效率的有效手段。通过氢燃料电池热电联供、区域电网调峰调频及建筑深度脱碳减排的应用，能够有效避免氢能系统的热能浪费并进一步提高氢能系统的效率，实现"冷－热－电－气"多能融合互补，提高枢纽能源效率和低碳化水平。

二、数字化枢纽管控体系

数字化枢纽管控体系是未来近零碳综合货运枢纽在管理与维护方面的发展导向和必然趋势。数字化枢纽管控体系主要对机电设施设备进行智能化监、管、控，保障枢纽日常运行。依托集成管理平台，实时获取设施设备运行数据、环境状态数据等，实现资源环保、综合物业、业务管理、碳排放监测统计等综合管理数字化。利用物联网、大数据和人工智能等技术，对入驻企业进行相关数据的跟踪、监测，实现枢纽在业务服务、日常管理、碳监测等方面的数字化转型，扩大信息共享范围，提升枢纽治理水平。

此外，随着国内碳交易市场逐渐发展成熟，对碳资产管理的数字化建设需求日益凸显。碳资产既有作为环境资源资产的消耗性，也有金融资产的投资性。建立有效的碳资产管理机制，在枢纽日常经营过程中，对直接和间接的碳排放进行统计分析和监测预测，优化低碳产品组合，辅以购买碳信用、植树造林等碳抵消措施，助力枢纽零碳智慧转型。

（一）碳监测与碳核算

碳排放监测与核算是近零碳综合货运枢纽实现能源低碳转型与电力碳减排的前提。碳监测结合大气中温室气体浓度监测数据和同化反演模式计算温室气体排放量，碳核算基于活动水平和排放因子的乘积计算温室气体排放量，前者可以推动完善核算体系，支撑排放因子本地化更新，也可以对核算结果进行校核。通过监测与核算枢纽内的直接碳排放活动，如化石燃料燃烧和移动源燃烧（运输等），以及间接碳排放活动，如电力消耗、热力消耗等，获取枢纽各途径碳排放的事实与数据，通过数据分析，制定针对性减排策略，最终实现枢纽的碳中和发展目标。同时，引入区块链技术助力碳交易机制的建立，区块链技术的透明连接、价值可信、不可篡改及信息可追溯等特性可完美解决碳排放量数据不准确、碳排放核算体系不完善、信息不对称及数据不可追溯的难题。

（二）数字孪生

数字孪生是充分利用物理模型、传感器更新、运行历史等数据，集成多学科、多物理量、多尺度、多概率的仿真过程，在虚拟空间中完成映射，从而反映相对应的实体装备的全生命周期过程。数字孪生通过信息链接，能够实现对物理世界镜像映射、全域呈现、动态仿真，达到虚实联动的效果，从而辅助完成各种研究和管控。数字孪生技术已经成为智慧枢纽的关键技术之一，并且被逐步应用到枢纽的碳管理之中，其中比较典型的应用为枢纽能源管理方案，通过数字孪生应用技术可以在全息镜像的展示环境下，实现枢纽能源系统的系统规划、智能诊断和远程维护等功能。

第四章　如何评价近零碳综合货运枢纽

第一节　评价指标体系建立

一、近零碳综合货运枢纽评价指标体系构建思路

（一）基本理论

指标体系的构建，一般分为指标体系初建、指标筛选和指标体系结构优化三个阶段。指标体系初建方法主要包括定性和定量两种。指标体系定性选取通常包括目的性、全面性、可行性、稳定性、与评价方法的协调性五个基本原则，目前综合评价实践中较多地采用定性的方法选取指标。

1. 指标体系初建

指标体系的初建，可以分为以下几个环节：

（1）明确评价对象和评价目的。评价对象和评价目的直接决定了指标体系的构建和评价方法的选择，也确定了评价子系统。评价子系统要具有一定的独立性，能反映系统某一方面的特征，同时合在一起又能全面反映评价目的。

（2）选择指标体系初建方法。如系统分析法和德尔菲法（Delphi），或者采用多种方法的结合，得到综合评价指标集，并确定指标间的结构和相互制约关系。在选取指标和设计指标体系整体结构时需要注意：① 在选取指标时，要充分考虑各指标内涵、计算方法、计量单位等；② 指标体系结构的设计也就是指标间相互关系的设计，与评价目的有关。

一般来说，对评价对象的水平评价，采用目标层次式结构；对评价对象的因素分析，采用因素分解式结构（如杜邦指标体系）。评价问题的复杂性决定了指标体系层次结构的复杂性。综合评价指标体系的初建方法主要有五种，如表4-1所示。

每种指标体系初建方法的优缺点如表4-2所示。

表 4-1　评价指标体系的初建方法

方法名称	方法的原理	方法的应用领域
综合法	对已存在的指标群按一定标准进行聚类	西方国家社会评价指标体系等
分析法	将指标体系的度量对象和度量目标划分成若干个不同评价子系统，并逐步细分，形成各级子系统及功能模块	可持续发展评价指标体系、经济效益评价指标体系等
目标层次法	首先确定评价对象发展的目标，即目标层，然后在目标层下建立一个或数个较为具体的分目标，称为准则，准则层则由更为具体的指标组成，形成指标体系	规划方案综合评价等
交叉法	通过二维或三维或更多维的交叉，派生出一系列统计指标，从而形成指标体系	经济效益统计评价指标体系、社会经济科技协调发展评价指标体系等
指标属性分组法	从指标属性角度构思指标体系中指标的组成（先按动态、静态来分，再按绝对数、相对数、平均数来分）	失业状态评价指标体系等

表 4-2　指标体系初建方法优缺点比较

方法名称	优点	缺点
综合法	借鉴了前人的研究经验，克服了由于主观认识造成的随意性，同时也综合了多种不同观点	基于已有指标体系的归类研究，对于新的评价对象由于没有可以参考的指标而无法使用
分析法	对评价对象系统科学地分析，生成指标体系，集中反映了评价对象具有代表性的特征属性	在分析过程中受到评价者自身知识结构、认识水平和模糊性等影响，存在一定主观性
目标层次法	通俗易懂、计算简便、实用性强，而且，通过确定目标结构，可以减少指标之间交叉重复	目标层和准则层的选择存在主观随意性
交叉法	能体现出二种或三种要素之间的对比或协调	应用范围有限
指标属性分组法	全面地构建指标体系	容易造成指标重复

2. 指标筛选

初建指标体系后，得到关于评价对象和评价目的的"指标可能全集"，需要进一步进行筛选，以得到指标的"充分必要集合"。指标筛选需要定性分析与定量分析相结合，降低指标冗余度。

定性分析筛选指标，主要着眼于指标可获取性、指标计算方法及内容的科学性，以及指标之间的协调性、必要性和完备性等。

定量分析筛选指标，比较典型的是通过统计方法来筛选指标，将大量指标缩减成具有显著统计特征的一组。这种方法对于线性问题及一些特定的非线性问题很容易找出相关变量，但是对于复杂的非线性问题，则需要借助神经网络、粗糙集等知识挖掘方法。神经网络凭借其非线性映射能力和泛化能力，无需检验假设，能避免主观因素对指标选择的干扰，建模过程简化且精度较高，为非线性系统的指标体系筛选提供了有效的方法；而粗糙集属性约简方法可以减少冗余和关联指标，在剔除不相关或不重要的指标时，并不影响评价的效果。为了更好地融入专家知识和经验，专家法、Vague 集方法都能更好地借助专家知识，Vague 集方法还能表示专家支持、反对和弃权的情况，从而使得关键指标体系的建立过程更为流畅和简单易行。神经网络方法、粗糙集方法、Vague 集方法等新型方法应用于初建指标体系的筛选时，较之传统的统计方法，原理更科学、模型更简洁、精度更高，将成为未来指标体系筛选算法研究的重要方向。

3. 指标体系结构优化

通过定性分析检查评价目标的分解是否完备，避免目标交叉而导致指标体系结构混乱，分析指标体系内部各层元素的重叠性与独立性。若出现了子目标之间的相互包含，则应当将重叠的子目标进行合并，或是将重叠的部分从指标体系中剥离。

指标体系的结构优化方法离不开图论和信息系统的相关理论，同时也需要系统理论辅助指标体系的功能聚合分析，检验各子系统划分的合理性。良好的指标体系结构应当是聚合度高、深度和出度合理、无回路的树形结构，可以仿效数据结构理论中的层次型数据库技术使指标体系变成树形结构。更好地结合图论、系统论、信息系统论等多方面的理论，融合现有的结构优化方法，提出更具有系统性且功能强大的指标体系结构优化方向，将是进一步研究的方向。

（二）构建原则

1. 科学性原则

科学性原则主要体现在理论与实践相结合以及采用科学的方法等方面。在理论上要站得住脚，同时又能客观反映评价对象的实际情况。

2. 全面性原则

近零碳综合货运枢组综合发展水平是能源消耗、绿色建筑、绿色设施设备、运营管理等要素的集成化体现，因此应以全面性为原则，综合考虑近零碳综合货运枢纽在规划、建设、运营、管理各环节的各个方面，从中挖掘涉及绿色、节能、低碳发展相关的因素进行衡量。这个原则重点考虑两个方面，一是指标覆盖板块的全面性，二是各板块维度下各指标选取的代表性和典型性。

3. 简明性原则

指标的意义不在于多，而在于精。保证指标的简明性，尽量设置少而精的指标来对近零碳综合货运枢纽进行评价，有助于评价指标体系的有效落地与实施，同时也可以极大降低执行难度和评价成本。

4. 可操作性原则

可操作性原则指的是实用性和可行性，一是指标要简化，方法要简便；二是必须考虑其指标值的测量和数据搜集工作的可行性，在确定指标时尽可能使用客观指标和现行的统计指标，减少主观指标和设计新指标。

5. 可比性原则

不同类型的近零碳综合货运枢纽其特点不同，所以要考虑选取指标的可比性，对部分指标设置分类评价标准以保证相关指标的可比性。

6. 定性与定量相结合原则

评价指标中对于较难直接获取相关数据的指标，需要在定性分析的基础上进行量化处理，以便设计的评价指标体系具有可测性，便于对近零碳综合货运枢纽综合发展水平进行评价，同时也能够较为准确地反映实际情况。

（三）构建维度

对近零碳综合货运枢纽评价指标体系的构建应从规划、建设、运营、管理四个维度出发，提出具有指导性、约束性的指标，并充分考虑各维度所涉及的各项影响因素。

1. 规划

近零碳综合货运枢纽的规划是建设近零碳综合货运枢纽的基础和关键性要素，规划决定了其未来的发展方向以及发展轨迹，对枢纽的近零碳发展目标、发展规模、土地利用、空间布局等做出全面统筹和综合部署。同时，规划要素起到的约束性作用，也是构建指标体系的基础。

2. 建设

近零碳综合货运枢纽的建设是实现枢纽近零碳目标的基础保障，主要涉及建筑设施、设施设备配置、绿化设施等。建筑设施是枢纽实现其各项基本功能的主要载体，是影响枢纽碳排放水平的重要因素；设施设备配置是实现枢纽绿色作业及提供绿色服务的主要载体，是影响枢纽近零碳发展、降低碳排放水平的重要因素，其完善程度及绿色化、智慧化水平是近零碳综合货运枢纽发展水平的重要体现；绿化设施是枢纽实现降碳的重要载体，是枢纽内部实现碳中和的重要因素。

3. 运营

近零碳综合货运枢纽的运营是实现枢纽近零碳发展的核心，其主要是通过使用绿色、低碳、节能相关的关键技术，提高资源、能源的利用效率，降低碳排放强度，从而实现枢纽的近零碳可持续发展。该维度主要涉及对能源消耗、可再生能源利用、运营组织模式、装卸搬运设备使用、污染控制和处理等方面内容的评价。

4. 管理

近零碳综合货运枢纽的管理是实现枢纽近零碳发展的重要手段，也是落实规划、完成目标、解决问题的重要抓手。管理要素主要体现在用于建立组织碳排放方针、设定碳排放目标以实现碳排放总量、碳排放强度的持续改进，以及在枢纽建设阶段、运营阶段对碳排放量动态监测和评估等方面。

二、近零碳综合货运枢纽评价指标体系

（一）现有相关评价指标体系构建情况

1. 绿色货运站（物流园区）评价指标体系

（1）绿色货运站评价指标体系

中华人民共和国交通运输部于 2022 年 1 月 13 日发布了《绿色交通设施评估技术要求 第 5 部分：绿色货运站》JT/T 1199.5—2022 行业标准，自 2022 年 4 月 13 日起正式实施。该标准目的在于确立绿色货运站的基本要求、评估指标体系和评估方法，主要对绿色货运站评估的技术要求和方法进行了规范。该标准中设立的绿色货运站评估指标体系由 6 类一级指标构成，分别为节地与环境保护、节能与能源利用、节水与水资源利用、节材与材料资源利用、绿色服务、运营管理，

下设 18 个二级指标和 38 个三级指标，并规定了 6 类一级指标的权重和每项三级指标的计分方法（表 4-3）。

表 4-3　绿色货运站评估指标体系[8]

一级指标	二级指标	三级指标
节地与环境保护	规划设计	选址要求
		用地规模
		站内布局
	节约用地	空间利用
	室外环境	场地设施
		景观绿化
	环境保护	水气污染治理
		噪声污染治理
		固体废弃物处理
节能与能源利用	建筑与围护结构	建筑设计
	节能设备	通风空调
		搬运装卸节能设备
	照明电气	灯具与电气
		智能控制
	能源利用	新能源利用
		满载率
节水与水资源利用	节水系统	节水器具
		用水计量装置
	污水处理及中水回用	污水处理
		中水回用
	循环利用	雨水收集系统
		循环用水设备
节材与材料资源利用	材料节约	建筑节材
		减量化包装
	材料再利用	环保材料利用
		报废设备的材料利用
绿色服务	安全保障	安全措施
		应急保障
		监控措施

一级指标	二级指标	三级指标
绿色服务	信息服务	信息门户、业务管理平台
		货运资源管理交易平台
	休憩服务	设施及引导
		客户满意度
运营管理	管理体系	节能减排组织机构
		管理制度建设
		宣传与教育
	运营体系	运营规程
		运营模式

（2）绿色物流园区评价指标体系

上海市节能环保服务业协会于 2022 年 11 月 18 日发布了《零碳物流园区创建与评价技术规范》T/SEESA 014—2022 团体标准，自 2022 年 12 月 1 日起正式实施。该标准规定了零碳物流园区创建要求、创建工作流程和评价内容，适用于物流园区开展零碳创建与评价工作。该标准中设立的零碳物流园区评价指标体系由 5 个必选指标和 5 个可选指标构成（表 4-4）。

表 4-4　零碳物流园区评价指标[9]

评价指标	指标值	指标类型
LED 照明比例	100%	必选
能源计量系统	有	必选
光伏发电占比	≥ 15%	必选
仓储单耗（kW·h/m²·a）	常温库≤ 20 低温库≤ 220	必选
碳抵消比例	100%	必选
充电桩比例	≥ 20%	可选
电动叉车比例	≥ 90%	可选
雨水回收利用系统	有	可选
托盘循环利用比例	≥ 80%	可选
绿色包装使用率	≥ 50%	可选

2. 绿色交通枢纽评价指标体系

（1）绿色港口评价指标体系

中华人民共和国交通运输部于 2020 年 5 月 7 日发布了《绿色港口等级评价指南》JTS/T 105-4—2020 行业标准，自 2020 年 7 月 1 日起实施。绿色港口评价指标体系由项目层、内容层和指标层构成，从理念、行动、管理、效果四个方面进行评价，共设置 19 个具体评价指标（表 4-5）。

表 4-5　绿色港口评价指标体系[10]

项目层	内容层	指标层
理念	战略	战略规划
		专项资金
		工作计划
	文化	企业文化
		教育培训
		宣传活动
行动	环境保护	污染防治
		资源利用与生态保护
	节能低碳	主要设备
		作业工艺
		辅助设施
		能源消费
管理	体系	管理机构
		审计认证
	制度	目标考核
		统计监测
		激励约束
效果	水平	环保生态
		节约低碳

（2）绿色机场评价指标体系

中国民用航空局于 2023 年 6 月 1 日发布了《绿色机场评价导则》MH/T 5069—2023 行业标准，自 2023 年 7 月 1 日起实施。标准的制定目的在于引领绿色机场建设、运行与发展，推动机场高质量发展。此评价体系共设置选址与规划、生态与环境、绿色建筑、资源与碳排放、高效运行和舒适卫生6个一级指标，下设18个二级指标和70个三级指标。绿色机场的评价应结合机场规模及所在地域的气候、环境、资源等条件，在实现机场功能的前提下，对机场进行综合评价（表4-6）。

表4-6　绿色机场评价指标体系[11]

一级指标	二级指标	三级指标
选址与规划	机场场址	机场通达
		场址影响
	机场规划	功能分区
		平均离港无延误滑行时间
		近机位比例
	土地利用	单位占地面积起降架次
		站坪岸线长度
		地下空间开发规划
生态与环境	自然生态	雨水径流总量控制率
		绿地率
		绿化形式
	环境质量	噪声达标区覆盖率
		噪声管控
		大气污染排放
		水污染排放
		水环境
		固废处理
	环境控制	电磁管理
		机场鸟防
绿色建筑	航站楼	新建高星级绿色建筑
		建筑高度和室内空间高度
		半室外空间
	其他建筑	新建高星级绿色建筑
	绿色施工	绿色建筑优良项目

续表

一级指标	二级指标	三级指标
资源与碳排放	能源	机场单位旅客能耗
		航站楼单位面积能耗
		设备能耗标准
		可再生能源利用
		新能源车辆应用
		充电桩配套
		APU 替代设施
		机场 LED 光源替代
		使用蓄能技术
		独立分项计量
		能源管理系统
		能源管理
	水资源	机场单位旅客吞吐量综合水耗
		水资源利用提高措施
		非传统水源
	建筑材料	装配式建筑面积比例
		绿色建材应用比例
		再生资源回收利用率
	碳排放	低碳运营管理
		减碳措施及目标
		低碳教育及实践
高效运行	陆侧交通	多式联运
		交通中心最远端与航站楼出入口步行距离
		一市多场间轨道交通衔接
		一场多楼衔接
		旅客公共交通保障率
		工作区公共交通覆盖率
		机场航空货运服务能力
	旅客服务	航站楼旅客最远步行距离
		旅客值机时间
		旅客安检时间

续表

一级指标	二级指标	三级指标
高效运行	旅客服务	行李提交时间
		旅客中转最短衔接时间
		"无纸化"便捷出行
	空侧运行	机场原因造成不正常航班占计划航班比例
		航班平均滑行时间
		航班靠桥率
		机场地面保障运行效率
舒适卫生	室内环境	室内噪声
		天然采光与眩光控制
		热湿环境
		室内气流组织
		遮阳措施
		自然通风
		室内空气环境控制与公示系统
	公共卫生	除颤仪（AED）配备与使用

3. 绿色建筑评价指标体系

（1）中国绿色建筑评价指标体系

中华人民共和国住房和城乡建设部和国家市场监督管理总局于2019年3月13日联合发布了《绿色建筑评价标准》GB/T 50378—2019国家标准，自2019年8月1日起实施。该标准是在原国家标准《绿色建筑评价标准》GB/T 50378—2014基础上进行修订完成的，以贯彻落实绿色发展理念、推动建筑高质量发展、节约资源保护环境为目标，创新重构了"安全耐久、健康舒适、生活便利、资源节约、环境宜居"五大类指标，且每类指标均包括控制项和评分项，评价指标体系还统一设置了加分项。其中资源节约类指标中涉及的相关评分项具有一定的参考借鉴意义，如节地与土地利用指标中的评分项：公共建筑容积率；节能与能源利用指标中的评分项：采用节能型电气设备及节能控制措施，结合当地气候和自然资源条件合理利用可再生能源比例；节材与绿色建材指标中的评分项：建筑所有区域实施土建工程与装修工程一体化设计及施工，合理选用建筑结构材料与构件，选用可再循环材料、可再利用材料及利废建材比例，选用绿色建材比例等（表4-7、表4-8）。

表 4-7 公共建筑容积率（R）评分规则[12]

行政办公、商务办公、商业金融、旅馆饭店、交通枢纽等	教育、文化、体育、医疗、卫生、社会福利等	得分
$1.0 \leqslant R < 1.5$	$0.5 \leqslant R < 0.8$	8
$1.5 \leqslant R < 2.5$	$R \geqslant 2.0$	12
$2.5 \leqslant R < 3.5$	$0.8 \leqslant R < 1.5$	16
$R \geqslant 3.5$	$1.5 \leqslant R < 2.0$	20

表 4-8 可再生能源利用评分规则[12]

可再生能源利用类型和指标		得分
由可再生能源提供的生活用热水比例 R_{hw}	$20\% \leqslant R_{hw} < 35\%$	2
	$35\% \leqslant R_{hw} < 50\%$	4
	$50\% \leqslant R_{hw} < 65\%$	6
	$65\% \leqslant R_{hw} < 80\%$	8
	$R_{hw} \geqslant 80\%$	10
由可再生能源提供的空调用冷量和热量比例 R_{ch}	$20\% \leqslant R_{ch} < 35\%$	2
	$35\% \leqslant R_{ch} < 50\%$	4
	$50\% \leqslant R_{ch} < 65\%$	6
	$65\% \leqslant R_{ch} < 80\%$	8
	$R_{ch} \geqslant 80\%$	10
由可再生能源提供电量比例 R_e	$0.5\% \leqslant R_e < 1.0\%$	2
	$1.0\% \leqslant R_e < 2.0\%$	4
	$2.0\% \leqslant R_e < 3.0\%$	6
	$3.0\% \leqslant R_e < 4.0\%$	8
	$R_e \geqslant 4.0\%$	10

（2）美国绿色建筑评价指标体系

美国非营利组织－绿色建筑委员会（USGBC）提出 LEED（Leadership in Energy and Environmental Design）绿色建筑认证，LEED 主要为建筑及社区提供第三方的认证，对建筑或社区在节能、节水、减少二氧化碳排放、提高室内生活品质等方面进行评价而建立的"绿色建筑评估体系"（表4-9）。

表 4-9　LEED 评价指标

序号	指标名称
1	选址与交通（location and transportation）
2	可持续场地评价（sustainable sites）
3	水资源效率（water efficiency）
4	能源与大气（energy and atmosphere）
5	材料与资源（materials and resources）
6	室内环境质量（indoor environmental quality）
7	创新（innovation）
8	因地制宜（regional priority）

在 2018 年 11 月，全球绿色建筑峰会上正式提出 LEED Zero，作为对 LEED 的补充，包含 LEED 零水耗认证、LEED 零能耗认证、LEED 零碳认证和 LEED 零废弃认证四大类别。目前，全球约有 182 个国家和地区参与 LEED 认证，仅有中国、巴西、美国、印度等 7 个国家拥有 LEED Zero 项目。

4. 绿色物流评价指标体系

国家市场监督管理总局和中国国家标准化管理委员会于 2018 年 12 月 28 日联合发布了《绿色物流指标构成与核算方法》GB/T 37099—2018 国家标准，自 2019 年 7 月 1 日起正式实施。该标准规定了企业的绿色物流指标体系与指标核算方法，适用于绿色物流的建设、评价和考核，为政府、行业管理部门、第三方评价机构以及企业绿色物流水平评估提供依据。该标准共设置资源指标、运作指标、环境指标 3 个一级指标，下设 11 个二级指标和 34 个三级指标（表 4-10）。

表 4-10　绿色物流评价指标体系[13]

一级指标	二级指标	三级指标	参考单位
资源指标	设施	物流节点选址	—
		容积率	—
		建筑节能率	%
		库区绿地率	%
	设备	清洁能源装卸设备占比	%
		标准化周转容器占比	%
		场库高效灯具占比	%
		新能源车或符合国家最新环保要求车辆（铁路货车／船舶／货运飞机）占比	%

续表

一级指标	二级指标	三级指标	参考单位
资源指标	能源	场库单位容积能耗	kgce/m³
		载运工具百吨（立方米／车）公里燃料消耗量	L/（100t·km）、L/（100m³·km）或 L/（100 车·km）
		使用可再生能源电量占比	%
	物流包装材料	生物降解塑料包装材料使用率	%
		可再利用包装材料使用率	%
		减量化包装材料使用率	%
	管理	物流管理体系	—
		物流运营方案	—
		物流信息化水平	—
运作指标	设施设备利用	场库单位面积（容积）吞吐量	件/m²、箱/m²、t/m² 或件/m³、箱/m³、t/m³
		周转容器循环使用占比	%
		载运工具载重量（容积）利用率	%
		机械设备使用率	%
	物流作业	集装单元化运输占比	%
		共同配送占比	%
		货损率	%
		物流包装回收率	%
		不合格品（含废弃物）合规处理率	%
环境指标	温室气体	单位业务量温室气体排放量	tCO₂ₑ/件、tCO₂ₑ/箱、tCO₂ₑ/t
	大气污染	单位业务量载货汽车大气污染物排放量	g/件、g/箱、g/t
		单位业务量柴油叉车大气污染物排放量	g/件、g/箱、g/t
		单位业务量锅炉大气污染物排放量	g/件、g/箱、g/t
	固液体污染	单位业务量固体污染物产生量	kg/件、kg/箱、kg/t
		单位业务量液体污染物排放量	L/件、L/箱、L/t
		固液体污染物合规处理率	%
	噪声污染	噪声排放值	dB

5. 经验与启示

（1）评价测度启示

一是随着低碳理念的深入融合，科技进步、自然环境等外部约束加强，目前社会对相关领域绿色低碳发展的着力点正从设备的新能源化转向整体用能的清洁化、绿色化、可持续化。

二是更加注重对社会福祉、可持续性和公众感受等方面的测度，从只注重"客观"指标转向同时注重"客观"和"主观"指标，并对污染治理、环境质量等方面提出了更高要求。

三是指标选取抓主要矛盾，反映本质特征。指标要选择意义清晰、容易理解、计算结果精准、符合实际的指标，抓住集中反映评价内涵和形成机理的关键指标，"少而精"是趋势。

四是建立近零碳综合货运枢纽评价指标库。根据客观需要，可以提出面向不同评价指向的指标集，考虑到数据可得性、评价对象发展的差异性等，最终可以从指标库中根据实际需要进行筛选。

（2）指标测算启示

一是准确清晰、规范科学的评价指标定义内涵、计算方法、计算步骤、数据来源、保障机制，是有效保障指标可测性的基本要求，确保指标测算的规范性是指标测算可行的重要条件。

二是遵循先易后难的原则，选取有数据支持、计算过程不宜复杂的指标，不能定量测算的指标也会采取专家打分、问卷调查等定性评价方法，指标的可定量化是总体趋势。

（二）评价指标体系框架

近零碳综合货运枢纽评价指标体系总体分为两层，即一级指标，从规划、建设、运营、管理四个维度构建近零碳综合货运枢纽评价指标体系；二级指标，为具体评价内容，共设置 19 个评价指标，具体见表 4-11。

表 4-11　近零碳综合货运枢纽评价指标体系

序号	一级指标	二级指标	指标参数符号
1	规划	项目选址 *	a_1
2		用地规模	a_2
3		规划衔接程度	a_3
4		布局与设计	a_4
5	建设	绿色建筑比例	a_5

续表

序号	一级指标	二级指标	指标参数符号
6	建设	绿化覆盖率	a_6
7		清洁能源配套设施建设	a_7
8	运营	单位 GDP 能耗	a_8
9		单位能源消费碳排放量	a_9
10		可再生能源使用比例	a_{10}
11		单位建筑面积能耗	a_{11}
12		多式联运量占比 *	a_{12}
13		搬运装卸节能设备比例	a_{13}
14		生活垃圾无害处理率	a_{14}
15		污水处理达标率	a_{15}
16	管理	管理制度建设程度	a_{16}
17		碳排放监测与管理体系建设程度	a_{17}
18		企业近零碳参与度	a_{18}
19		宣传与教育活动	a_{19}

注：带 * 的指标为分类型评价指标。

（三）指标释义及测算方法

1. 项目选址

（1）指标释义

指对近零碳综合货运枢纽在规划选址方面的综合评价。该指标主要考虑交通基础设施与项目的衔接便利程度，以及其自身区位优势等条件。该指标针对不同类型的近零碳综合货运枢纽分别设定了不同的评价内容。

（2）测算公式

采用打分方式计算，共设置两个打分项，满分 100 分，具体如下：

1）公路主导型

① 紧邻高速公路出入口或国家一类陆路口岸（直线距离不超过 5 公里），得 70 分；

② 项目周边具有良好的交通基础设施条件，且交通便利，与公路网、城市道路网和综合运输网合理衔接，得 30 分。

2）铁路主导型

① 项目法人单位拥有或部分拥有铁路专用线产权，铁路专用线有效长度总和不低于 800 米，位于项目内，或铁路专用线用地与项目用地红线图边界贴合，得70 分；

② 项目周边具有良好的交通基础设施条件，且交通便利，与公路网、城市道路网和综合运输网合理衔接，得 30 分。

3）水路主导型

① 位于港界范围外，且贴邻港区（项目用地红线图边界与港区贴合）或通过铁路专用线、皮带传送机、专用货运通道（指具有港口集疏运功能的公路及城市道路）与港口实现无缝连接，能够实现"入园即进港"，得 70 分；

② 项目周边具有良好的交通基础设施条件，且交通便利，与公路网、城市道路网和综合运输网合理衔接，得 30 分。

4）航空主导型

① 紧邻航空货运作业区（直线距离不超过 5 公里），且纳入政府统一的空港发展规划，得 70 分；

② 项目周边具有良好的交通基础设施条件，且交通便利，与公路网、城市道路网和综合运输网合理衔接，得 30 分。

2. 用地规模

（1）指标释义

指对近零碳综合货运枢纽在用地规模和设施规模方面与实际需求匹配水平的评价。

（2）测算公式

采用打分方式计算，共设置两个打分项，满分 100 分，具体如下：

① 总体用地规模与需求相适应，得 60 分；

② 各项设施规模与需求相匹配，得 40 分。

3. 规划衔接程度

（1）指标释义

指对近零碳综合货运枢纽在项目规划方面与区域经济社会发展规划、国土空间规划、产业发展规划等相关规划的契合与衔接程度。

（2）测算公式

该指标为定性指标，评价等级分为四档：优秀、良好、中等、较差。

4. 布局与设计

（1）指标释义

指对近零碳综合货运枢纽在场站内布局规划、流线设计、空间利用等方面的综合评价。

（2）测算公式

采用打分方式计算，共设置三个打分项，满分100分，具体如下：

① 各功能区布局合理，符合生产流程，作业流线最短，得30分；

② 车流、货流、机械流、人流便捷通畅，互不干扰，得30分；

③ 采用集约化设计，如直达多层的仓库盘道设计、高架仓库、集装箱堆场等设计，得40分。

5. 绿色建筑比例

（1）指标释义

指近零碳综合货运枢纽内绿色建筑的建筑面积占总建筑面积的比例。绿色建筑是在全寿命期内，节约资源、保护环境、减少污染、为人们提供健康、适用、高效的使用空间，最大限度地实现人与自然和谐共生的高质量建筑。

（2）测算公式

$$a_5 = (B'/B) \times 100\% \tag{4-1}$$

式中：a_5——绿色建筑比例；

B'——绿色建筑的建筑面积；

B——总建筑面积。

6. 绿化覆盖率

（1）指标释义

指近零碳综合货运枢纽内各类绿化覆盖面积占枢纽规划范围用地总面积的比例。绿化覆盖面积是指枢纽内全部植被的垂直投影面积，包括绿化种植覆盖面积、屋顶绿化覆盖面积等，用于衡量枢纽环境质量。

（2）测算公式

$$a_6 = \left(\sum_{l=1}^{n} \lambda_l s_l / S \right) \times 100\% \tag{4-2}$$

式中：a_6——绿化覆盖率；

   n——绿地种类数量；

   l——绿地种类；

   S——用地总面积；

   s_l——第 l 类绿地面积；

   λ_l——第 l 类绿地面积折算系数。

7. 清洁能源配套设施建设

（1）指标释义

指对近零碳综合货运枢纽在充电桩、换电站、加氢站等清洁能源配套设施建设，以及合理性、便利性方面的综合评价。

（2）测算公式

该指标为定性指标，评价等级分为四档：优秀、良好、中等、较差。

8. 单位 GDP 能耗

（1）指标释义

指在一定时期内（通常为 1 年），近零碳综合货运枢纽每生产一个单位 GDP 所需要消费的能源量，即枢纽能源消费总量与其创造的增加值的比值，本指标体系中能源消费量均按标准煤计，该指标单位为吨标准煤／万元。该指标是反映枢纽能源消费水平和节能降耗状况的重要指标。

（2）测算公式

$$a_8 = e/V \tag{4-3}$$

式中：a_8——单位 GDP 能耗；

   e——能源消费总量；

   V——增加值总额。

9. 单位能源消费碳排放量

（1）指标释义

指在一定时期内（通常为 1 年），近零碳综合货运枢纽每消费一个单位能源所产生的碳排放量，即枢纽碳排放总量与能源消费总量的比值。

（2）测算公式

$$a_9 = C/e \tag{4-4}$$

式中：a_9——单位能源消费碳排放量；

C——碳排放总量。

10. 可再生能源使用比例

（1）指标释义

指在一定时期内（通常为1年），近零碳综合货运枢纽可再生能源消费总量占所有能源消费总量的比重。该指标可以作为衡量可再生能源在该枢纽能源系统中的重要程度。近零碳综合货运枢纽消费的是典型可再生能源，包括太阳能、风能、地热能等。

（2）测算公式

$$a_{10} = \left(\sum_{i=1}^{n} e_i'/e \right) \times 100\% \qquad (4-5)$$

式中：a_{10}——可再生能源使用比例；

$\quad n$——可再生能源种类数量；

$\quad i$——可再生能源种类；

$\quad e$——可再生能源消费总量；

$\quad e_i'$——为第 i 类可再生能源消费量。

11. 单位建筑面积能耗

（1）指标释义

指在一定时期内（通常为1年），单位建筑面积上消耗的能量，包括电、水、天然气和热，按标准煤折算。

（2）测算公式

$$a_{11} = c/B \qquad (4-6)$$

式中：a_{11}——单位建筑面积能耗；

$\quad c$——总建筑能耗。

12. 多式联运量占比

（1）指标释义

指在一定时期内（通常为1年），近零碳综合货运枢纽完成的多式联运货物运输量与货物运输总量的比值。该指标是衡量枢纽多式联运发展水平的重要指标。根据枢纽类型，即公路主导型、铁路主导型、水路主导型、航空主导型，将分别设置不同的比例区间对其进行评价。

（2）测算公式

$$a_{12} = (v'/v) \times 100\% \qquad (4-7)$$

式中：a_{12}——多式联运量占比；

v'——多式联运货物运输量；

v——货物运输总量。

13. 搬运装卸节能设备比例

（1）指标释义

指近零碳综合货运枢纽内节能搬运装卸设备数量占搬运装卸设备总数量的比例。配置节能搬运装卸设备，如电动叉车、电动牵引车或电动平台搬运车输送机、穿梭车（RGV）等，可以达到合理利用资源、减少环境污染的目标。

（2）测算公式

$$a_{13} = \left(\sum_{k=1}^{n} f_k'/f \right) \times 100\% \qquad (4-8)$$

式中：a_{13}——搬运装卸节能设备比例；

n——节能搬运装卸设备种类数量；

k——节能搬运装卸设备种类；

f——搬运装卸设备总数量，其中 f' 为节能搬运装卸设备总数量；

f_k'——为第 k 类节能搬运装卸设备数量。

14. 生活垃圾无害处理率

（1）指标释义

指在一定时期内（通常为 1 年），近零碳综合货运枢纽生活垃圾无害处理量占生活垃圾产生量的比例。生活垃圾无害处理方式主要包括卫生填埋、焚烧与堆肥，因生活垃圾产生量较难统计，以生活垃圾清运量代替计算。

（2）测算公式

$$a_{14} = (d/D) \times 100\% \qquad (4-9)$$

式中：a_{14}——生活垃圾无害处理率；

d——生活垃圾无害化处理量；

D——生活垃圾清运量。

15. 污水处理达标率

（1）指标释义

指在一定时期内（通常为 1 年），近零碳综合货运枢纽排至外部并满足污染排放标准的污水量占污水总排放量的比例。枢纽内的污水主要包括清洁用水和生活污水。

（2）测算公式

$$a_{15} = (d'/D') \times 100\% \qquad (4-10)$$

式中：a_{15}——污水处理达标率；

d'——污水处理排放量；

D'——污水总排放量。

16. 管理制度建设程度

（1）指标释义

指对近零碳综合货运枢纽在管理制度建设方面的综合评价。该指标主要从能源使用管理、统计、节能管理、专项资金等方面进行打分评价。

（2）测算公式

采用打分方式计算，共设置四个打分项，每项25分，满分100分，具体如下：

① 具有完善的企业能源管理制度，得25分；

② 具有完善的油、电、水的统计制度且分区分功能计量，得25分；

③ 具有节能、节水、节材、保护环境、智能化管理制度及操作流程，得25分；

④ 设立节能减排专项资金，得25分。

17. 碳排放监测与管理体系建设程度

（1）指标释义

指对近零碳综合货运枢纽在碳排放监测和碳排放管理体系建设方面的综合评价。该指标主要从信息平台建设、管理机构建设、能耗统计分析三个方面进行打分评价。

对于近零碳综合货运枢纽，完善的碳排放管理体系是其区别于普通货运枢纽的重要特征。建立碳排放管理体系的目的是引导碳排放单位，即近零碳综合货运枢纽，尽可能降低碳排放总量、强度，最终使其接近于零，同时，通过该体系的评价，不断提升碳管理能力，提高能源的利用效率。

实施碳排放监测的目的是实现碳排放的数据化、可视化，碳排放监测系统应具备在线监测、碳核算、低碳数据库等功能，其监测结果可为近零碳综合货运枢纽碳排放的分析管理提供重要决策依据。

（2）测算公式

采用打分方式计算，共设置三个打分项，满分100分，具体如下：

① 建有碳排放监测信息平台，实现数据在线监测、碳核算、业务管理等功

能，得 40 分；

②设立节能减排管理组织机构，合理配备专职管理人员，岗位职责明确，得 30 分；

③定期开展能耗数据统计分析及调查工作，并形成相关工作总结材料，得 30 分。

18. 企业近零碳参与度

（1）指标释义

指对近零碳综合货运枢纽内的入驻企业在日常生产作业与管理中融入近零碳管理理念，并能够有效执行和不断改善、创新等程度的综合评价。枢纽的近零碳发展离不开入驻企业在此方面的积极推动与配合，企业的参与程度越高，枢纽的近零碳发展目标就越容易实现。

（2）测算公式

该指标为定性指标，评价等级分为四档：优秀、良好、中等、较差。

19. 宣传与教育活动

（1）指标释义

指对近零碳综合货运枢纽在制定相关指导性文件，定期组织相关培训与交流活动，定期开展主题教育活动，组织开展绿色节能技术的讲解及推广，引导企业和员工推行低碳发展理念等方面的综合评价。宣传与教育活动能够让企业和员工更直观、更深入地了解和接触绿色、节能、环保等方面的前沿技术，引导企业提升低碳发展理念，实现综合货运枢纽近零碳发展。

（2）测算公式

该指标为定性指标，评价等级分为四档：优秀、良好、中等、较差。

第二节　评价计算方法

一、评价指标权重计算

（一）指标赋权方法

常见的指标赋权方法大致可以归为三类：主观赋权法、客观赋权法和主客观赋权法（或称为组合赋权法）。

1. 主观赋权法

主观赋权法是一种基于专家判断和主观意见进行赋权的方法，适用于无法量化指标或缺乏可靠数据的情况。这种方法通常依赖于收集决策者、专家或利益相关者的主观评价来确定指标权重。其基本原理是较重要的指标应赋予较大的权重，各指标的权重由专家根据自己的经验和对实际情况的主观判断给出。其优点是可以根据指标的重要性给予相应的权重，重要的指标赋予较大的权重，不重要的指标赋予较小的权重，比较符合权重的本质。但由于指标的权重直接由专家给出，因此权重的合理性受到专家主观认识的影响，带有一定的主观性。

常见的主观赋权法包括德尔菲法、层次分析法等：

（1）德尔菲法

德尔菲法（Delphi Method），也称专家调查法，它是根据经过调查得到的情况，凭借专家的知识和经验，直接或经过简单的推算，对研究对象进行综合分析研究，寻求其特性和发展规律，并进行预测的一种方法。其本质上是一种反馈匿名函询法，其大致流程是在对所要预测的问题征得专家的意见之后，进行整理、归纳、统计，再匿名反馈给各专家，再次征求意见，再集中，再反馈，直至得到一致的意见，作为决策的依据。该方法利用专家的知识、智慧、经验等无法量化的带有很大模糊性的信息形成对各方面评价的权数。

德尔菲法能够充分发挥专家知识和经验的优势，避免群体讨论中的个人偏见和影响。通过匿名性和反馈机制，可以减少意见受到其他专家或权威人士的影响，达到一种相对中立和客观的共识。不足之处是受专家知识、经验等主观因素的影响，过程也较为繁琐。

（2）层次分析法

层次分析法（Analytic Hierarchy Process，简称 AHP）是一种定性分析和定量分析相结合的评价决策方法。其基本思路是把一个复杂问题中的各个指标通过划分相互之间的关系使其分解为若干个有序层次，每一层次中的元素具有大致相等的地位，并且每一层次与上一层次和下一层次有着一定的联系，层次之间按隶属关系建立起一个有序的递阶层次模型；在递阶层次模型中，按照对一定客观事实的判断，一般主要采用专家意见法，然后对每层的重要性以定量的形式加以反映，通过两两判断的方式确定每个层次中元素的相对重要性，并用定量的方法表示，进而建立判断矩阵；然后利用数学方法计算每个层次的判断矩阵中各指标的相对重要性权数；最后通过在递阶层次结构内各层次相对重要性权数的组合，得到全部指标相对于目标的重要权数。

层次分析法的优点在于把定性分析与定量分析有机地结合起来，把人们依靠主观经验来判断的定性问题定量化，既有效地吸收了定性分析的结果，又发挥了定量分析的优势。但摆脱不了评价过程中的随机性和评价专家主观不确定性及认识上的模糊性。

2. 客观赋权法

客观赋权法是根据原始数据之间的关系通过一定的数学方法来确定权重，其判断结果不依赖于人的主观判断，有较强的数学理论依据。客观赋权法是从原始数据出发，从样本中提取信息，相较于主观赋权法得到的权数的偏差更小一些，更能反映众多评价指标真实的重要程度。

常用的客观赋权法包括主成分分析法、熵权法、因子分析法、灰色关联度分析法等：

（1）主成分分析法

主成分分析法（Principal Component Analysis，简称PCA），是一种降维技术，它通过线性变换将原始指标数据转化为一组无关的主成分，然后根据主成分的方差贡献率确定权重。其原理是设法将原来变量重新组合成一组新的相互无关的几个综合变量，同时根据实际需要从中可以取出几个较少的综合变量尽可能多地反映原来变量的信息的统计方法，也是数学上处理降维的一种方法。其基本思路是收集包含指标数据的数据集，对数据进行去均值处理和归一化，通过计算数据的协方差矩阵或相关矩阵，找出主成分并计算其方差贡献率，根据主成分的方差贡献率作为权重，权重越大表示主成分对总方差的解释能力越强。

主成分分析法理论简洁，客观赋权，权重值是根据综合因子贡献率的大小确定的，克服了某些评价方法中人为确定权数的缺陷，使得综合评价结果唯一，且客观合理。它的不足之处在于计算过程比较繁琐，对样本量的要求较大，且结果跟样本量的规模有关，同时主成分分析法假设指标之间的关系都为线性关系，若指标之间的关系为非线性关系，有可能导致评价结果偏差。

（2）熵权法

熵权法，在信息论中，熵是对不确定性的一种度量，不确定性越大，熵就越大，包含的信息量越大；反之不确定性越小，熵就越小，包含的信息量就越小。在具体使用过程中，熵权法根据各指标的变异程度，利用信息熵计算出各指标的熵权，再通过熵权对各指标的权重进行修正，从而得出较为客观的指标权重。如果某个指标的熵值越小，说明其指标值的变异程度越大，提供的信息量越多，在综合评价中该指标起的作用越大，其权重应该越大。

熵权法完全根据决策矩阵求出能代表权重的熵权，能有效规避专家主观判断误差对权重分析的影响，考虑了指标数据的信息量和不确定性，适用于处理多指标之间的相关性。但计算复杂度较高，需要对指标数据进行归一化处理。

（3）因子分析法

因子分析法是指从研究指标相关矩阵内部的依赖关系出发，把一些信息重叠、具有错综复杂关系的变量归结为少数几个不相关的综合因子的一种多元统计分析方法。是一种旨在寻找隐藏在多变量数据中、无法直接观察到却影响或支配可测变量的潜在因子、并估计潜在因子对可测变量的影响程度以及潜在因子之间的相关性的一种多元统计分析方法。其基本思想是根据相关性大小把变量分组，使得同组内的变量之间相关性较高，但不同组的变量不相关或相关性较低，每组变量代表一个基本结构，即公共因子。其基本思路是收集包括指标数据的数据集，对数据进行去均值处理和归一化，通过计算协方差矩阵或相关矩阵，提取出潜在因子，对提取的因子进行旋转，以提高解释性和可解释性，根据因子载荷矩阵确定指标的权重，载荷越大表示指标因子的贡献越大。

因子分析法的优点是可以帮助识别潜在的因素结构，降维和简化数据，提取重要信息。缺点是需要预先设定因子数，受样本质量影响较大，如果设定的因子数量不正确或样本不足或者质量不好，会导致分析结果失真。

（4）灰色关联度分析法

灰色关联度分析法（Grey Relational Analysis，简称 GRA），是灰色系统理论应用的主要方面之一，它是针对数据少且不明确的情况下，利用既有数据进行预测或决策的方法。灰色关联度分析认为若干个统计数列所构成的各条曲线几何形状越接近，即各条曲线越平行，则它们的变化趋势越接近，其关联度就越大。因此，可利用各方案与最优方案之间关联度的大小对评价对象进行比较、排序。该方法首先是求各个方案与由最佳指标组成的理想方案的关联系数矩阵，由关联系数矩阵得到关联度，再按关联度的大小进行排序、分析，得出结论。

灰色关联度分析的优点是计算简单，通俗易懂，数据无需大量样本，也不需要经典的分布规律，只要有代表性的少量样本即可，计算简便。它的缺点是许多因素取值不同会导致相关系数不唯一，所求得的关联度往往为正值，不能全面反映事物之间的关系，且不能解决评价指标间相关造成的评价信息重复问题，因而指标的选择对评判结果影响很大。

3. 组合赋权法

主观赋权法在根据属性本身含义确定权重方面具有优势，但客观性较差；而客观赋权法在不考虑属性实际含义的情况下，确定权重具有优势，但不能体现决策者对不同属性的重视程度，有时会出现确定的权重与属性的实际重要程度相悖的情况。针对主、客观赋权法各自的优缺点，为兼顾到决策者对属性的偏好，同时又力争减少赋权的主观随意性，使属性的赋权达到主观与客观的统一，可以综合使用两种方法，同时基于指标数据之间的内在规律和专家经验对决策指标进行赋权。

组合赋权法没有相对固定的主客观赋权方法搭配，需要根据实际情况，综合考虑样本数据的数量和质量等因素，最终确定选取的主客观赋权方法组合方式。

（二）权重计算

近零碳综合货运枢纽评价指标体系指标权重的确定采用组合赋权法计算得出，即通过集值迭代–CRITIC组合赋权法确定指标主客观权重，根据矩阵论计算指标组合权重。

1. 主观权重计算

主观权重计算方法采用集值迭代法，集值迭代法是在层次分析法、G1法基础上进一步发展出来的主观赋权方法，其核心是由专家依据其个人经验、专业和偏好，决定待评价指标的重要程度并排序。

集值迭代法计算权重的步骤如下：

（1）邀请 P 位专家，选定初始值 q 满足 $1 \leqslant q < n$；

（2）依次令 p 位专家（$1 \leqslant p < P$）选择重要程度最高的 kq 个指标（k 为从 1起依次加1的整数），直至满足 $n = kq + u$（其中 $0 \leqslant u < q$）；

（3）计算每个指标的覆盖频率 $m(a_i)$，进行归一化，得指标的主观权重。

$$w_i' = m(a_i) \Big/ \sum_{i=1}^{n} m(a_i) \qquad (4-11)$$

2. 客观权重计算

客观权重计算方法采用 CRITIC 赋权法，该方法是一种优于熵权法、标准离差法的客观赋权方法，其特点是围绕变异性和冲突性，即以数据自身的客观属性评价指标。当以标准差衡量变异性时，标准差越大则数据波动越大，相应的权重越高；当以相关系数衡量冲突性时，相关系数值越大，则冲突性越小，相应权重越低。CRITIC 赋权法能够降低相关性较强指标的影响，避免指标的信息重叠，使计算得到的评价结果更科学合理。

假设存在 n 个待评价样本、p 项评价指标，则指标原始数据矩阵表示为：

$$X = \begin{bmatrix} x_{11} & x_{12} & \cdots & x_{1p} \\ x_{21} & x_{22} & \cdots & x_{2p} \\ \vdots & \vdots & & \vdots \\ x_{n1} & x_{n2} & \cdots & x_{np} \end{bmatrix} \qquad (4-12)$$

因不同量纲难以定量比较，所以需要对各指标数据进行无量纲化处理。无量纲化处理方法包括归一化与标准化，标准化处理存在的缺点是其会导致全部指标的标准差一致，波动性指标失去意义。所以，采用归一化方法中的正 / 逆向化法处理。

对于正向指标：

$$x_{ji}' = \frac{x_{ji} - x_{min}}{x_{max} - x_{min}} \qquad (4-13)$$

式中：x_{ji}——第 j 个样本第 i 项指标的值。

对于逆向指标：

$$x_{ji}' = \frac{x_{max} - x_{ji}}{x_{max} - x_{min}} \qquad (4-14)$$

指标变异性计算方式如下：

$$\bar{x}_i = \frac{1}{n} \sum_{j=1}^{n} x_{ji} \qquad (4-15)$$

$$S_i = \sqrt{\frac{\sum_{j=1}^{n} (x_{ji} - \bar{x}_i)^2}{n-1}} \qquad (4-16)$$

式中：S_i——第 i 个指标的标准差。

指标冲突性计算方式如下：

$$R_i = \sum_{j=1}^{p} (1 - r_{ji}) \tag{4-17}$$

式中：r_{ji}——指标 j 和 i 的相关系数。

指标信息量以 C_i 表示。该值越大，则第 i 个指标在指标体系中影响程度越大，应分配的权重越高，计算方式如下：

$$C_i = S_i \sum_{j=1}^{p} (1 - r_{ji}) = S_i R_i \tag{4-18}$$

故第 i 个指标的客观权重为 w_i''：

$$w_i'' = \frac{C_i}{\sum_{i=1}^{p} C_i} \tag{4-19}$$

3. 组合权重计算

根据矩阵论基本理论，先计算主客观权重的相对重要程度，再计算主客观组合权重。设主观指标权重的相对重要程度为 β，客观指标权重的相对重要程度为 θ，则指标主客观权重的关系系数 β_i、θ_i 表示为：

$$\begin{cases} \beta_i = \dfrac{w_i'}{w_i' + w_i''} \\[2mm] \theta_i = \dfrac{w_i''}{w_i' + w_i''} \end{cases}, \quad 1 \leqslant i \leqslant k \tag{4-20}$$

式中：k——归一化特征向量维数。

主客观组合权重 w_i 为：

$$w_i = \frac{\beta_i w_i' + \theta_i w_i''}{\sum_{i=1}^{n} (\beta_i w_i' + \theta_i w_i'')}, \quad 1 \leqslant i \leqslant k \tag{4-21}$$

此时，全部指标的组合权重向量表示为 $W = [w_1,\ w_2,\ \cdots,\ w_n]'$。

二、评价模型与计算

（一）评价模型选取

近零碳综合货运枢纽评价流程分为三个阶段：第一阶段，构建评价指标体系；第二阶段，通过组合赋权方法，即集值迭代－CRITIC 组合赋权法确定指标主客观权重，根据矩阵论计算指标组合权重；第三阶段，对定性、定量指标进行模糊处理，对近零碳综合货运枢纽进行模糊综合评价。

在评价模型选取上采用多层次模糊综合评价的方法对近零碳综合货运枢纽进行评价。因为所构建的近零碳综合货运枢纽评价指标体系具有一定的模糊性，而多层次模糊综合评价法能够较好地平衡主观决策的不确定性和客观数据的模糊性，所以采用此方法进行评价。多层次模糊综合评价的基本思路是将一个大的评价问题分解成若干个子问题，每个子问题又可以分解成若干个子子问题，直到最后得到若干个具体的评价指标；然后对每个指标进行模糊化处理，得到对应的隶属度函数；最后，利用模糊综合评价方法，将各个指标的隶属度进行综合，得到最终的评价结果。具体评价步骤为：首先计算评价指标，对定性、定量指标和正、逆指标等不同性质的指标做数据处理；然后构建模糊综合评价模型，计算得出最终评价结果。

（二）指标性质与取值

近零碳综合货运枢纽评价指标的类型可分为定性指标和定量指标、正向指标和逆向指标，具体如表4-12所示。

表4-12　评价指标类型及正逆性

序号	一级指标	二级指标	指标类型	正逆性
1	规划	项目选址*	定量	正向
2		用地规模	定量	正向
3		规划衔接程度	定性	正向
4		布局与设计	定量	正向
5	建设	绿色建筑比例	定量	正向
6		绿化覆盖率	定量	正向
7		清洁能源配套设施建设	定性	正向
8	运营	单位 GDP 能耗	定量	逆向
9		单位能源消费碳排放量	定量	逆向
10		可再生能源使用比例	定量	正向
11		单位建筑面积能耗	定量	逆向
12		多式联运量占比*	定量	正向
13		搬运装卸节能设备比例	定量	正向

续表

序号	一级指标	二级指标	指标类型	正逆性
14	运营	生活垃圾无害处理率	定量	正向
15		污水处理达标率	定量	正向
16	管理	管理制度建设程度	定量	正向
17		碳排放监测与管理体系建设程度	定量	正向
18		企业近零碳参与度	定性	正向
19		宣传与教育活动	定性	正向

注：带 * 的指标为分类型评价指标。

为了计算每个评价指标的隶属度值，则需要对评价指标的取值范围进行界定，即目标值范围的界定。各评价指标取值范围如表 4-13 所示。

表 4-13　评价指标取值范围

序号	一级指标	二级指标	单位	取值
1	规划	选址与布局 *	—	—
		其中：公路主导型	—	0～100
		铁路主导型	—	0～100
		水路主导型	—	0～100
		航空主导型	—	0～100
2		用地规模	—	0～100
3		规划衔接程度	—	—
4		布局与设计	—	0～100
5	建设	绿色建筑比例	%	80～100
6		绿化覆盖率	%	20～50
7		清洁能源配套设施建设	—	—
8	运营	单位 GDP 能耗	吨标准煤／万元	0.2～0.5
9		单位能源消费碳排放量	千克／千克标准煤	0.2～0.6
10		可再生能源使用比例	%	30～80
11		单位建筑面积能耗	千克标准煤／平方米	1～5
12		多式联运量占比 *	%	—
		其中：公路主导型[①]	%	60～100
		铁路主导型	%	50～100
		水路主导型	%	50～100
		航空主导型	%	50～100

续表

序号	一级指标	二级指标	单位	取值
13	运营	搬运装卸节能设备比例	%	50～100
14		生活垃圾无害处理率	%	80～100
15		污水处理达标率	%	80～100
16	管理	管理制度建设程度	—	0～100
17		碳排放监测与管理体系建设程度	—	0～100
18		企业近零碳参与度	—	—
19		宣传与教育活动	—	—

注：带 * 的指标为分类型评价指标。
　　① 公路主导型多式联运量占比指标统计口径为采用甩挂运输、共同配送等绿色组织模式的货运量占比不低于 60%。

（三）评价指标计算

1. 定性指标计算

定性指标的评价划分为四个等级，即优秀、良好、中等、较差，并对不同评价等级赋予相应的数值。为确保计算一致性，将赋值范围规定在 [0，1]，优秀、良好、中等、较差对应的赋值分别为 1.00、0.8、0.5、0.2。

定性指标的计算方式是邀请相关行业专家对待评价的指标进行打分评价，最终将所得算术平均值作为定性指标的隶属度值。

2. 定量指标计算

（1）打分类指标

近零碳综合货运枢纽评价指标体系中共有五个打分类指标，各项指标的打分规则及满足条件已经在指标释义及测算方法章节中进行了规定。

打分类指标的计算方式是邀请相关行业专家对待评价的指标进行打分，将所有专家的打分进行算术平均值计算得出评价指标得分，并对其进行归一化处理，最终结果作为该指标的隶属度值，即：

$$指标隶属度值＝指标打分算数平均值/100 \qquad （4-22）$$

（2）计算类指标

以待评价近零碳综合货运枢纽的实际运行数据为基础，经计算得到定量指标的初始结果。构造指标隶属度函数，对初始结果进行归一化处理，得到指标隶属度值。

1）对正向指标构造梯形分布隶属函数：

$$u(a_{ij}) = \begin{cases} 0, & a_{ij} \leqslant m \\ \dfrac{a_{ij} - m}{n - m}, & m < a_{ij} \leqslant n \\ 1, & a_{ij} > n \end{cases} \quad (4-23)$$

式中：m——指标数值满足规定要求的下限；

n——指标数值满足规定要求的上限。

若指标不存在具体的评价标准区间，且初始计算结果能够直接作为指标量化值，则将指标数值作为隶属度函数值：

$$u(a_{ij}) = a_{ij} \quad (4-24)$$

2）对逆向指标 a_{ij} 构造梯形分布隶属函数：

$$u(a_{ij}) = \begin{cases} 1, & a_{ij} \leqslant m \\ \dfrac{n - a_{ij}}{n - m}, & m < a_{ij} \leqslant n \\ 0, & a_{ij} > n \end{cases} \quad (4-25)$$

3. 综合评价

将经过规范化处理的全部指标隶属度值表示为 $A = [a_{ij}]$，最终评价分数矩阵 Q 为：

$$Q = AW \quad (4-26)$$

第五章　推广近零碳综合货运枢纽评价指标的建议

第一节　对政府部门的建议

政府部门是政策制定、市场监督管理的主体，在推广近零碳综合货运枢纽评价指标体系的工作中起到主导作用，对其建议主要有以下几个方面：

（一）建立完整、有效的近零碳综合货运枢纽政策支持体系

近零碳综合货运枢纽的快速发展是其评价指标体系能够应用推广的前提条件，当前国家和地方政府在对近零碳综合货运枢纽建设与发展的政策支持和激励措施方面尚不完善。政府部门应该研究出台包括财政补贴、税收优惠、土地使用等方面的一系列优惠和扶持政策，鼓励企业积极创建或改造成为近零碳综合货运枢纽，优化产业结构，引进低碳技术，提高能源的使用效率，进而减少温室气体的排放，最终实现货运枢纽的近零碳、零碳发展。

具体来看，一是可以对近零碳综合货运枢纽建设运营企业在拿地用地等土地使用方面给予一定的优惠扶持政策，以激励企业建设近零碳综合货运枢纽的积极性；二是可以对节能减排工作效果突出的货运枢纽给予表彰和适合的物质奖励，以充分调动企业发展低碳经济的积极性；三是可以通过减收或免征某类税收的形式，或者以财政补贴的形式鼓励货运枢纽发展低碳经济；四是可以对企业进行低碳信用评估，根据低碳化发展水平的高低评估企业的低碳信用分数，低碳信用分数可用于向银行等金融机构贷款时降低偿息利率或用于争取更高额度的贷款。政府应鼓励企业实行低碳经济，引导和调动企业发展低碳经济的积极性，鼓励企业节能减排，实现高能效、低碳、零碳发展。

（二）建立近零碳综合货运枢纽统计监测机制

近零碳综合货运枢纽评价指标体系的应用需要大量的数据作为支撑，完善的统计监测机制是数据来源的保障。一是政府部门应建立常态化的近零碳综合货运

枢纽统计监测机制，根据其评价指标体系中需要采集的数据内容建立近零碳综合货运枢纽统计制度，并推动其纳入相关行业统计，为后续评价指标体系应用推广提供制度保障和数据支撑。二是建立长效的评估机制，定期开展近零碳综合货运枢纽评估工作，明确评估工作的主要负责部门和工作职责，建立沟通机制，统筹和推动评估工作的开展，确保评估工作的连续性和稳定性，实现动态管理。也可通过建立第三方监管机构，提高统计及评估工作效率、统计管理能力和统计管理体制运行效率。

（三）研究制定近零碳综合货运枢纽评价标准规范

要做好近零碳综合货运枢纽的统一评价，就要有统一的评价标准。为了更好地推动近零碳综合货运枢纽评价指标体系的应用，政府部门需要尽快组织制定统一的评价标准。当前，我国在近零碳综合货运枢纽评价方面的国家及行业标准体系建设尚不完善，应加强相关标准规范的研究制定，明确评价范围、评价内容、评价指标、评价方法等，以推动评价指标体系的应用，并通过实践不断完善标准体系建设。

（四）开展试点应用推广近零碳综合货运枢纽评价指标体系

在进行近零碳综合货运枢纽评价指标体系的推广中，可先选取有条件的典型货运枢纽进行试点应用，建立有效的支持、监督、管理机制，根据试点货运枢纽的需求，提供指导和帮助，打造具有示范效应的近零碳综合货运枢纽。以试点货运枢纽为代表案例，为全面推广近零碳综合货运枢纽评价指标体系做好准备，逐步扩大指标体系的覆盖范围。

1. 企业试点

应在国家和相关部委的支持下，各试点货运枢纽按照试点的要求，以近零碳综合货运枢纽评价指标体系中所涉及的基础数据为基础，全面开展试点工作。各试点企业应在试点期间及时总结和发现问题，积累经验，主要包括以下几个方面：

一是基础数据收集情况。基础数据的收集情况直接关系到指标体系及具体指标的实践应用情况，数据采集的可操作性、数据的准确度、数据统计口径等都是指标计算的关键，其结果关系到指标体系对于现实情况的指导方向。

二是指标体系对现实指导情况。对于不同类型的货运枢纽，都有其不同的特殊性。指标体系中指标的设计是否具有普遍指导性主要取决于该指标对于不同类型货运枢纽的指导性。不同类型的货运枢纽对于指标体系应用情况的反馈，有利于进一步完成对于指标体系设置的完善和更全面的思考。

三是试点货运枢纽发展情况。在指标体系对于货运枢纽在近零碳建设方面有一定的指导作用后，是否能够促进该货运枢纽自身的发展也很重要。

2. 经验总结

对试点结果的总结，应当具体问题具体分析。如根据数据的可获取性，对关键指标是以直接或间接计算方式获取进行针对性调整。同时，考虑到货运枢纽应用指标体系的实际情况，对试点情况进行详细分析，对于指标的指导情况和实际发展情况深入调查，直至试点具有普遍的可推广性。

3. 宣传推广

大数据在政府决策方面的应用已越来越受重视，也正在发挥越来越大的作用，科学客观地利用好大数据进行政府决策将成为今后决策的重要手段。在试点企业对近零碳综合货运枢纽评价指标体系应用之后，可以在全国范围进一步推广，推动企业和政府通过数据对货运枢纽近零碳发展进行监测并据此制定改进措施和制定适应当下发展形势的政策建议。推行试点，可以先从关键指标的应用推广开始，逐步拓展数据源、稳定数据获取渠道，进而推广指标体系应用，争取官方对指标的发布，提升推广效果。

第二节　对市场企业的建议

市场企业是近零碳综合货运枢纽建设和运营的主体，是近零碳综合货运枢纽评价指标体系应用的主体，其参与程度和执行力度直接影响评价指标体系的推广应用效果。对市场企业的建议主要有以下几点：

（一）提升绿色低碳发展理念，做好顶层规划设计

货运枢纽是能源消耗和二氧化碳排放的重要空间载体，推动货运枢纽低碳零碳化发展是实现"双碳"目标的重要途径，创建近零碳综合货运枢纽已经成为推动"碳达峰、碳中和"工作的重要突破口，也是未来货运枢纽的发展方向和必然

趋势。枢纽企业应在顶层规划设计中融入绿色低碳发展理念，从而有效推动近零碳综合货运枢纽的建设及改造。顶层设计提供了从建设施工到运营的指导方案，是打造近零碳综合货运枢纽的关键，要充分考虑能源系统、建筑节能、交通设施、建设运营和系统融合，以及建立多层次、多角度的引导机制和监管体系，通过枢纽内碳排放用能的实时监测和分析，真正实现货运枢纽整体的零碳排放，为近零碳综合货运枢纽评价指标体系的应用实施奠定基础。

（二）建立完善的信息采集及监测系统，做好数据积累和分析

利用云计算、大数据、AI 等新技术建立智慧化操作平台，包括能耗监测、交通信息监测、环境监测、碳排放监测等模块，并建立智慧化楼宇系统，实现枢纽内各项管理的数字化、智能化、精细化运营管理，以及全方位的数据采集。加强对在用物流基础设施和设备的性能和能耗的综合监测，从低碳、零碳物流发展的角度建立设施和设备的评价体系以及相关信息的采集与监控，构建物流设施、设备的动态管理体系和信息化管理平台，为近零碳综合货运枢纽评价指标体系的应用实施提供数据支撑。

（三）建立完善的碳排放监测与管理体系

对于近零碳综合货运枢纽，完善的碳排放管理体系是其区别于普通货运枢纽的重要特征。碳排放管理体系的建设将有效降低货运枢纽碳排放总量、强度，最终使其达到近零碳发展目标。碳排放监测具有数据动态采集和在线监测、碳核算等功能，可以实现碳排放的数据化、可视化，其监测结果可为货运枢纽碳排放的分析管理提供重要决策依据，使货运枢纽不断提高碳管理能力、提升能源利用效率。同时，应加大对相关人才的培养力度，将近零碳综合货运枢纽相关统计核算及考核评价纳入人才培养计划，保障评价指标体系的推广应用效果，增强可持续性。

第三节　对社会宣传的建议

社会宣传是近零碳综合货运枢纽评价指标应用推广的重要途径和有效手段，通过媒体和网络加大宣传力度可以达到快速、高效的推广效果。在社会宣传推广

方面的建议主要有以下几点：

（一）加大近零碳综合货运枢纽相关的培训宣传力度

想要推广应用近零碳综合货运枢纽评价指标系统，首先要让大家知道什么是近零碳综合货运枢纽。所以要在近零碳综合货运枢纽相关的培训宣传方面持续加大力度，提升相关理念，主要形式和方式如下：

一是通过开展主题宣传等方式，加大对近零碳综合货运枢纽以及典型案例的宣传力度，推广先进技术和经验，引导提升全国近零碳综合货运枢纽发展理念和发展水平；

二是政府、企业、协会发挥合力，通过开展货运枢纽近零碳发展倡议等形式，引导货运枢纽企业探索创新发展模式、发展理念、降碳技术等；

三是充分利用网站、移动端微信公众号、官方微博、官方抖音号等途径，以及在货运枢纽场站内，通过线上线下相结合的模式，加大对近零碳综合货运枢纽知识、理念、做法等的宣传培训，开展线下"面对面"与线上"屏对屏"结合的宣传教育，增强对近零碳综合货运枢纽相关理念的认知。

（二）政府主导、媒体协助共同开展指标体系推广应用

近零碳综合货运枢纽评价指标体系的推广应用，离不开政府的持续支持。在研究以及企业试点推广的基础上，依托科研支撑单位，相关行业主管部门可以定期对关键指标运行情况进行发布、追踪及完善，推动社会的认可及更广泛的应用。同时，可以借助现代化信息媒体包括网络、微信公众号等，以及传统媒体包括杂志、报刊等对近零碳综合货运枢纽评价指标体系进行推广。

具体来看，应由政府部门牵头，与企业、协会、科研机构等形成定期联系机制，加强对近零碳综合货运枢纽的监测并及时发布监测结果，提高指标体系和关键指标的权威性。同时定期开展交流，深入研究探索近零碳综合货运枢纽评价指标体系的应用情况。同时，政府统计必须将自己从数据的直接生产者转变为数据的处理者，将统计工作重心转移到后期数据资料的分析中来，争取在筛选整合以及后期数据处理之前，能确保数据采集流程的完善，从而构建权威的数据在线平台。

（三）加大舆论引导

当今时代，网络舆论的影响越来越大，已经成为社会舆论的重要组成部分。与传统媒体相比较，网络舆论能在一定程度上反映民意和社会心理。由于网络传播具有开放性强、交互性好、传播速度快、影响面广等一系列优势，其舆论形成具有自发性、快捷性、多元性、长留性等特征。为了推动近零碳综合货运枢纽建设与发展，必须加大对近零碳综合货运枢纽评价指标体系的推广应用。加大宣传力度，提高企业及基层员工对近零碳综合货运枢纽评价指标体系及关键指标的认识。加大对应用评价指标体系且具有典型示范性、运行良好的近零碳综合货运枢纽的宣传推广，造就强大舆论环境，让更多的货运枢纽重视绿色低碳发展，加快推进枢纽近零碳发展水平提升。

参考文献

［1］全国信标委智慧城市标准工作组. 零碳智慧园区白皮书（2022）［R］. 北京，2022.

［2］中国建筑节能协会建筑能耗与碳排放数据专委会. 2022中国建筑能耗与碳排放研究报告［R］. 重庆，2022.

［3］万纬物流. 2022年近零碳智慧物流园区白皮书［R］. 北京，2022.

［4］中华环保联合会绿色供应链专业委员会. 物流园区碳中和指南［R］. 北京，2022.

［5］交通运输部科学研究院. 交通运输碳达峰、碳中和知识解读［M］. 北京：人民交通出版社股份有限公司，2021.

［6］尚猛. 我国低碳物流高质量发展与绩效评价研究［M］. 北京：中国原子能出版社，2022.

［7］王长琼，李顺才. 绿色物流［M］. 北京：中国财富出版社有限公司，2021.

［8］中华人民共和国交通运输部. 绿色交通设施评估技术要求 第5部分：绿色货运站：JT/T 1199.5—2022［S］. 北京：人民交通出版社，2022.

［9］上海市节能环保服务业协会. 零碳物流园区创建与评价技术规范：T/SEESA 014—2022［S］. 上海：上海市市场监督管理局，2022.

［10］中华人民共和国交通运输部. 绿色港口等级评价指南：JTS/T 105-4-2020［S］. 北京：人民交通出版社，2020.

［11］中国民用航空局. 绿色机场评价导则：MH/T 5069—2023［S］. 北京：中国民航出版社，2023.

［12］中华人民共和国住房和城乡建设部. 绿色建筑评价标准：GB/T 50378—2019［S］. 北京：中国建筑工业出版社，2019.

［13］国家市场监督管理局中国国家标准化管理委员会. 绿色物流指标构成与核算方法：GB/T 37099—2018［S］. 北京：中国标准出版社，2018.

［14］王晶晶，李琦芬，杨涌文. 基于变权理论的近零碳排放园区综合评价研究［J］. 科学技术与工程，2021，21（1）：334-340.

［15］王永利，张天米，袁博，等. 近零碳排放园区综合评价指标与方法［J］. 电力科学与工程，2023，39（5）：51-60.

［16］李艳梅，孙丽云，庄贵阳. 近零碳排放示范区的内涵及建设路径分析［J］. 企业经济，2017，36（10）：21-25.

［17］赵鹏翔，范莹，周喜超，等. 面向园区综合能源系统的评价方法［J］. 电源技术，2020，44（9）：1379-1382.

［18］赵国涛，钱国明，丁泉，等. 园区综合能源系统绿色化水平评价方法研究［J］. 油气与新能源，2023，35（2）：53-61.